世界一美しい
ふるまいと
マナー

マナースクール「ライビウム」代表
諏内えみ

高橋書店

あなたの周りに

どこか品があり
たたずまいに目を奪われる

そんな女性はいませんか？

大人の品と美しさは
ふるまいから生まれる

思い出してみてください。
あなたが贈り物を渡すとき、
あなたの所作は感謝やお祝いの気持ちを、
充分に伝えられていましたか？
心をこめて選んだ贈り物ですから、
もちろんそのまま渡しても、
喜んでもらえるでしょう。

でも、このように渡していたら……？

こちらの渡しかたのほうが、
丁寧で「美しい」と感じるのではないでしょうか？
なぜ、「美しい」と感じるのか。
これには理由があるのです。

美しく見える理由とは？

背筋が伸びている
▶▶
背筋をスッと伸ばすことで、凛とした「自信あふれる」印象に

脇を閉じている
▶▶
隙間を閉じることで、落ち着いた「品のある」印象に

両手で渡している
▶▶
両手で扱うことで、心と「丁寧さ」が伝わる

指先まで意識している
▶▶
エレガントな指先は、女性の「優雅さ」を感じさせる

紙袋から出してから渡している
▶▶
準備を整えてから渡すことで、丁寧さと「余裕」を感じさせる

理由がわかれば
だれでも大人の品と美しさを
手に入れられる！

ふるまいで人は変われる

はじめまして。諏内えみと申します。このたびは本書を手にとってくださりありがとうございます。

はじめに、ひとつ質問をさせてください。

「あなたはご自分に自信がありますか?」

じつは、ここで「YES」と即答できなかった方にこそ、ぜひこの本を読んでいただきたいと考えております。その理由をお伝えする前に、まずは自己紹介をさせてください。

私は、皇室や政界、財界をはじめとするVIPのアテンダント養成指導などの経験を経て、東京・港区にマナースクールを設立しました。これまで、女優に映画やドラマでの上品な所作を、企業トップ陣に記者会見や株主総会での所作や話しかたを、政治家にスピーチや有権者との会話のしかたを、婚活中の方に第一印象アップのふるまいや会話術をなど、様々な方に指導を行ってきました。

もちろん、生徒さんにはビジネスウーマンや主婦の方なども多くいらっしゃいます。「上品なふるまいができないので、人前に出るのが苦痛」「夫の両親や仕事関係の方に悪い印象を与えたくない」「レストランでマナーが気になって楽しめない」など、様々な不安をもっていらっしゃいます。

ただカウンセリングをすると、みなさん共通の思いを口にします。それは「自分に自信をもちたい」ということ。「マナーと美しいふるまいを身につけ、緊張する場面でも自信たっぷりに堂々とふるまいたい……」そんな願望が心の奥底に隠れていたのです。

マナーというと、「人に迷惑をかけないため」「恥をかかないため」のものと考える方も多いのではないでしょうか。しかし私は、「自分を高める」「ワンランク上の女性になる」ためにマナーを学んでいただきたいと考えています。だからこそ冒頭で述べたように、マナーやふるまいが気になる方はもちろん、自分に自信がもてない方や生まれ変わりたいと思っている方にも、ぜひ本書を読んでいただきたいのです。

優雅さや上品さが滲み出て、どのような場でも堂々とふるまえる……多くの方がそんな〝凛とした女性〟になることを願っております。

諏内えみ

世界一美しいふるまいを手に入れた方たちの声

これから紹介する「美しいふるまい」は、難しいテクニックを必要としないとても簡単なものばかりです。

それらを実践して人生が素敵に変わった8名の方の声を紹介させてください。みなさん年齢や性別、職業

レッスンで教わった、余白や余韻の美しさを意識していたら、職場の男性とたくさん目が合うようになり、今まで全然目立たなかった私なのに、2人の先生から食事に誘われました。今、そのうちの1人と順調におつきあいが進んでいます！（30代 看護師）

初回レッスンから、鏡に映った自分の姿に「全然違う！」という言葉を繰り返すほど、明確なビフォーアフターに驚きました！ 女性としてのステージが上がっていくのを実感し、次のレッスンが楽しみでしかたありません！（40代 エステティシャン）

しぐさや、脚を綺麗に見せる角度をデザインしてもらい、「女性よりもエレガント！」と監督さんからお褒めの言葉をいただきました。休憩時間には、逆にスマートな男性のふるまいも教わったので、今後はどちらの役でも自信をもってこなせます！（30代 男優）

も様々ですが、美しいふるまいを身につけ幸せを手にされました。
これらはけっして特殊な例ではありません。あなたも劇的な変化をイメージしながら、楽しんで実践してみてください。

彼の実家に挨拶に行くことになり、慌ててレッスンを申し込みました。そのかいあって、玄関での挨拶や手土産のお渡しも練習どおり丁寧にでき、その後も落ち着いてふるまえました。ご両親も「いいお嬢さんね」と歓迎してくれました。ありがとうございました！（20代 商社勤務）

エレガントに見せる形と動きをご指導いただいたのですが、カメラテストで違いがハッキリわかりました。クラッチバッグの持ちかたもご指導いただき、本当にエレガントな役柄にピッタリな女性を演じられました。女性はこのコツを知らないと損をします。（40代 女優）

写真写りが悪く、友達や同僚と写真を撮るのが嫌いでしたが、脚のポージングやバッグの持ちかた、指先の見せかたをマスターしたら、驚くほどスタイルよく素敵に写れるようになりました。おかげで最近ではSNSへの投稿も増えました！（40代 役員秘書）

ママ友が素敵な方ばかりで引け目を感じていましたが、本物のマナーと、凛とした上質なふるまいを自分のものにできたので、もうどこへ出ても恥ずかしくなくなりました。最近では私からランチ会を計画するなど、ママ友生活を楽しめています！（30代 主婦）

婚活に二の足を踏んでいましたが、レッスンを受けたら「こんなに素敵になったんだから、婚活しなきゃもったいない！」と思い始めました。プロフィール写真も写りよく素敵に仕上がり、現在、数名の男性からおつきあいを申し込まれています！（30代 幼稚園教諭）

美しいふるまいは3つのステップでつくられる

それでは、どうすればあなたも自信たっぷりに堂々と、そして、美しくふるまえるのでしょう？　「一度にすべての所作を直すなんて無理！」と感じている方もいらっしゃるはず。でもご安心ください。本書では、3つのステップで少しずつ世界一美しいふるまいを身につけていくことができます。

まずは『ステップ1』。18ページから29ページでは、美しいふるまいに共通する「5つの原則」を紹介します。これは、どんな場面でも意識していただきたい、美しく映るためのコツです。この「5つの原則」を押さえておけば、ビジネスでもプライベートでも、あなたは美しくエレガントにふるまえます。

しかし、どれほど美しくふるまえても、マナーに反していては意味がありません。そこで『ステップ2』として、チャプター1から6では日常の様々なシーンでの、正しいマナーを余すところなく紹介しています。今まで、見よう見まねで行っていたふるまいや、勘違いマナーもしっかり見直しておきましょう。

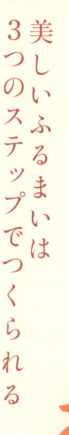

ここまで押さえれば、あなたの立ち居ふるまいは大きく変わり、どんな場面でも自信をもってふるまえるようになるはず。ただし、これだけで終わっては「世界一美しいふるまい」とはいえません。そこで最終仕上げの『ステップ3』では、最上級の女性になるためのワンランク上のノウハウをご紹介します。各ページにある「世界一美しいふるまいかた」という項目にも、ぜひ挑戦してみてください。ふるまいの基礎ができていないと、見せかけだけの印象となってしまいますが、『ステップ1』と『ステップ2』を経た方ならきっとご自分のものにできるはずです。

世界一美しいふるまいを手に入れる 3つのステップ

ステップ1 美しいふるまいに共通する“5つの原則”を知る

普段何げなくしている行動を上品な所作に変えるための5つの原則です。すぐに実践できるものばかりなので、まずは毎日の生活でこの原則を意識するところから始めてみましょう。

ステップ2 シチュエーションごとの“本当に正しいマナー”を知る

品ある所作が身についたら、次はシチュエーションごとのマナーを確認します。相手が心地よく思うポイントを押さえ、どんな状況でも堂々とふるまえる女性になりましょう。

ステップ3 マナーを越えた“世界一美しいふるまい”を知る

品あるふるまいと正しいマナーを押さえれば、充分“大人の女性”になれますが、さらに、大人のたしなみやマナーを越えた心遣いを身につけることで、“世界一の美しさ”を手に入れます。

目次

Chapter 1 日常のふるまい

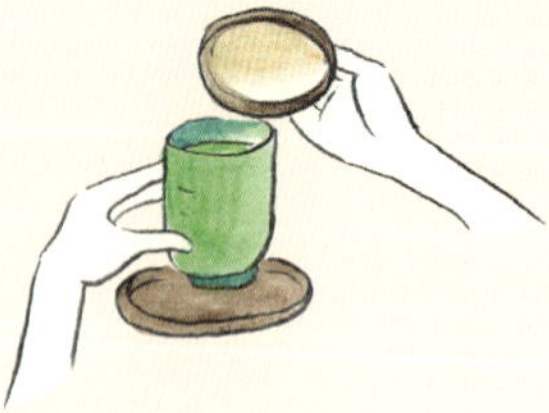

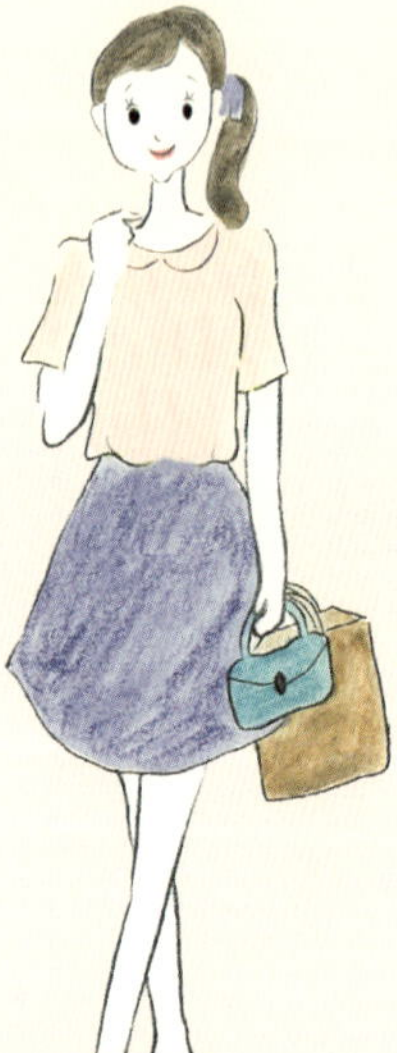

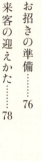

Chapter 4 外食のふるまい

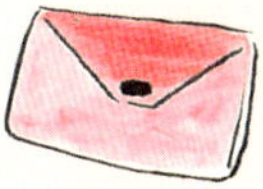

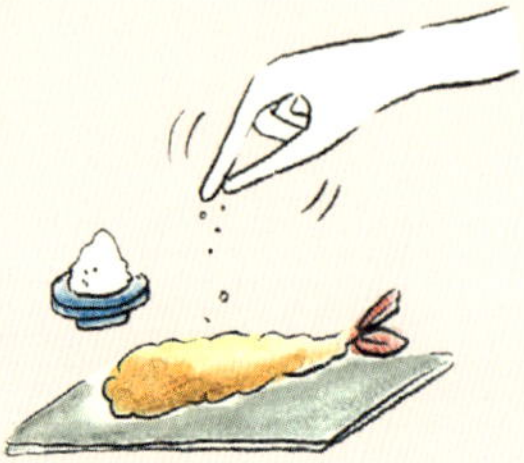

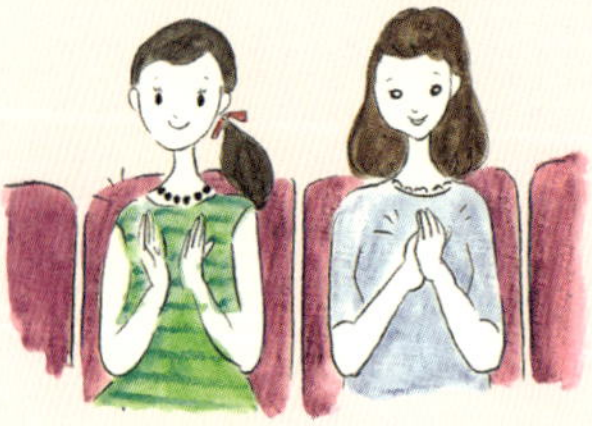

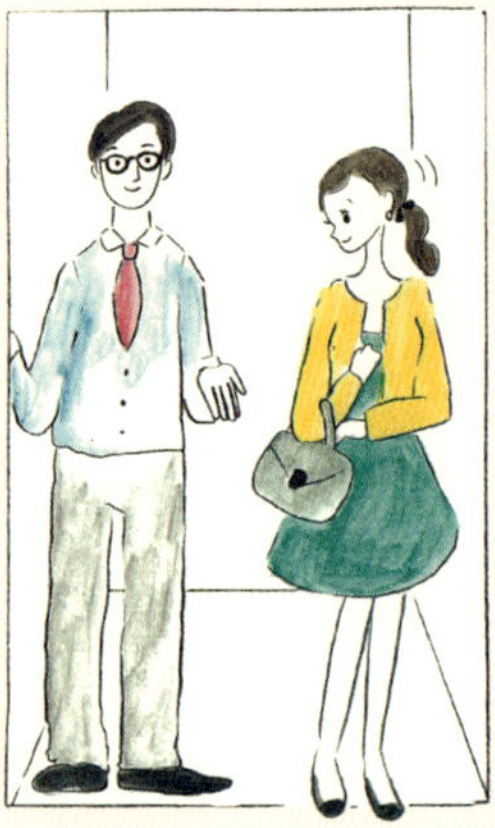

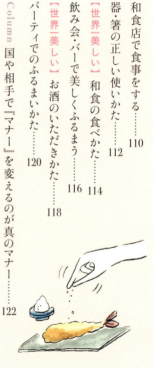

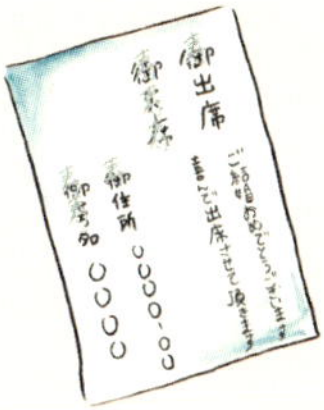

Chapter 6

冠婚葬祭のふるまい……137

スタッフ
編集協力／円谷直子
執筆協力／柴崎あづさ
イラストレーション／Ricco.
ブックデザイン／原田恵都子（Harada+Harada）
校正／新山耕作
DTP／天龍社

Five Principles

世界一の美しさは【5つの原則】から生まれる

美しいふるまいに共通する原則は5つ。この5つの原則を意識すれば、あなたの印象はかならず変わります。様々なシーンで実践できるので、きちんと押さえておきましょう。

1. ハンド&ハンドのふるまい

両手を使った所作で、丁寧さを感じさせる印象に。

▼20ページ

2. 指先エレガンスのふるまい

指先まで意識することで、女性ならではの繊細で優雅な印象に。

▼22ページ

3. 隙間クローズのふるまい

隙間をつくらないポージングや所作で、落ち着いて品のある印象に。▼24ページ

4. 背筋ストレートのふるまい

背筋をスッと伸ばした所作で、凛として自信あふれる印象に。▼26ページ

5. ワンムーブ・ワンアクションのふるまい

ひとつひとつの動作を分けて行うことで、丁寧さと余裕のある印象に。▼28ページ

ふるまい5原則　その1

ハンド＆ハンドのふるまい

もう一方の手も添えると見えない気持ちも伝わる

たとえ片手で扱える小さなものでも、もう片方の手も添えることで、丁寧で優雅な印象に変えられます。

ものをとり上げる際や、渡す場面など、日常で多く活用できるのですぐに実践してみましょう。

片手では品や丁寧さを表せない

両手で扱うと丁寧な気持ちが伝わる

ハンド&ハンドのふるまいで こんなに美しくなれる

お椀や小皿でいただく

お吸い物などをいただくとき、あなたはお椀を片手でとり上げていませんか？ 椀物や小皿の扱いかたを変えれば、あなたの印象も数段アップします。

食物への感謝の気持ちをこめ、両手で丁寧に扱うようにしましょう。

世界一美しい

両手で丁寧にとり上げてから箸をとる

片手でとり上げるのはNG

電話をかける・受ける

携帯電話や受話器は、片手で持つ方が多いでしょう。その際、もう一方の手を軽く添えるだけで、女性らしくエレガントな印象に変わります。

世界一美しい

片手を添えるだけで驚くほどエレガントに

両手使いは和の心

器や箸を両手で扱うのは、代表的な和の所作です。食物の大切さと、それをいただくことへの感謝、共にいただく喜び、そして繊細な器や香り、盛りつけなどをありがたく愉しむ心、そのすべてを表した所作であり、日本の文化でもあります。

ふるまい5原則　その2

指先エレガンスのふるまい

女性らしい柔らかさと優雅さは指先に宿る

「ギュッと握る」「鷲づかみする」という所作は、男性的な印象に映り、緊張感が伝わり余裕を感じさせません。

ものをとり上げる際や手を添えるシーンでは、指先を開かない、握らないなど、指先を意識することで、柔らかな大人の女性の優雅さが生まれます。

力が入ると柔らかさが
感じられず男性的に

握るのではなく、
添えるイメージで持つと
優雅な印象に

指先エレガンスのふるまいで
こんなに美しくなれる

バッグを美しく持つ

バッグはギュッとつかんだり握りしめたりせず、手のひらに余裕をもたせて持つようにすると、優雅で品ある印象になります。バッグを両手で持つときや、ショルダーバッグの持ち手を持つときにも意識してみて。

手首をひねり、小指の側面を見せると華奢な印象に

×

握ると手の甲が大きく見え上品でない

頬づえをつく

手のひらや握りこぶしで顔を支えると、だらしない印象に映り、上品さとはかけ離れたイメージに。人差し指を顎に添えるようにすると、知的で優雅な印象になります。

指先を意識すれば優雅に見える

×

手のひらやこぶしで支える頬づえはだらしない

ふるまい5原則　その3

隙間クローズのふるまい

隙間をつくらないことで スマートで品のある印象に

指先や脚、脇に隙間があると、男性的でだらしなく映ることもあります。今まで意識していなかった方は、隙間をつくらないようにすることで、驚くほど女性らしい品のあるポージングになります。

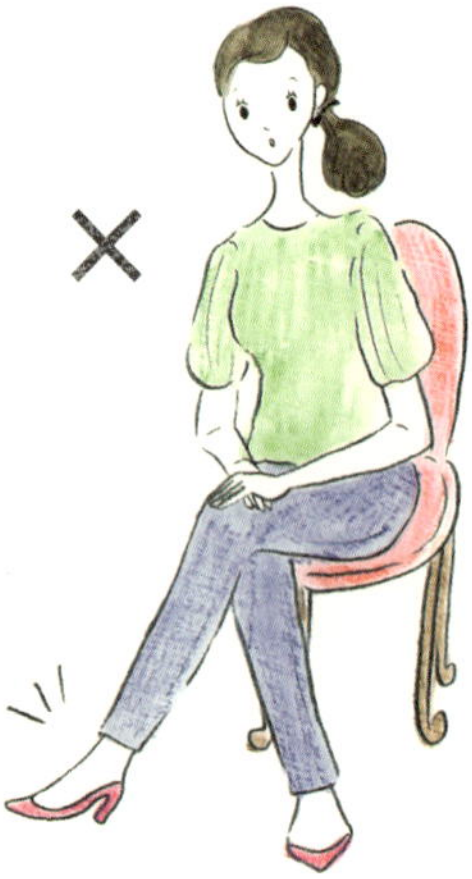

脚を投げ出し、隙間がある状態はだらしない

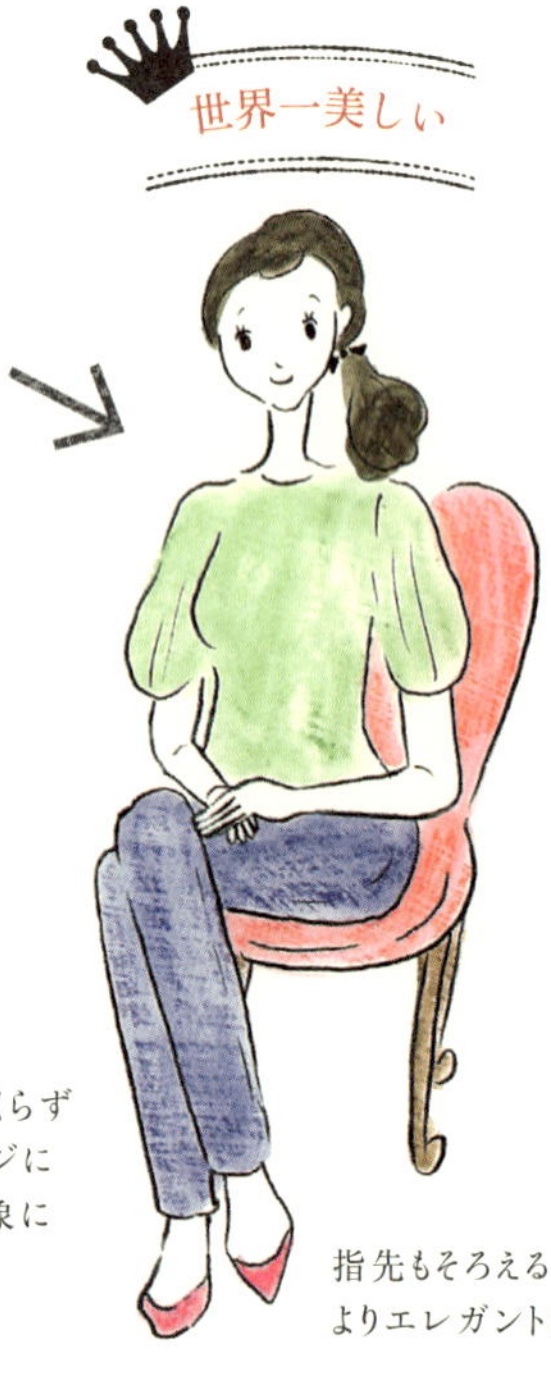

両足に隙間をつくらず1本に映るイメージにすると、品ある印象に

指先もそろえるとよりエレガントに

隙間クローズのふるまいで こんなに美しくなれる

スマートにバッグを持つ

バッグを持つ際、腕を外と内のどちらに向けるかで、印象は大きく変わります。身体の外に腕を向けるより、バッグの表側から腕を通し、腕と身体の隙間を閉じて持つと、コンパクトで品のある印象を与えられます。

世界一美しい

身体に寄せると
品よく見える

腕が身体から
離れていると
スマートに映らない

電話で話す

携帯電話を手にとる際や通話をする際、指先が離れているとどうしても雑な印象となってしまいます。ここでも指先の隙間を閉じて持つ意識をしてみましょう。指先をそろえるだけで、知的で品のある印象になります。

これは、ものを持ったり渡したりするときにも気をつけたいポイントです。

世界一美しい

指先をそろえると
品が生まれる

指先がそろって
いないと上品には
見えない

ふるまい5原則　その4

背筋ストレートのふるまい

どんなときも背筋を伸ばし、凛として自信のある印象に

姿勢を維持することは美しいふるまいのための基本中の基本。これはあなたの印象を左右する重要なポイントとなります。

鎖骨を開くイメージで背筋と首をスッと伸ばし、凛として自信のある女性の印象をつくりましょう。

×
世界一美しい
背中や腰を曲げて拾うと、老けた印象に
背筋を伸ばすと、凛とした自信を感じさせる
背筋を伸ばしたまま腰を落とす

背筋ストレートのふるまいで　こんなに美しくなれる

椅子から立ち上がる

椅子から立ち上がる際、上体を倒し、椅子や膝に手をついて立ち上がる姿はエレガントからはほど遠くなります。片足を引き、背筋を伸ばしたままその脚を支えにして真上にスッと立ちましょう。

立ち上がる動作は意外と周りの方の視線を集めます。この一瞬も美しく見せたいですね。

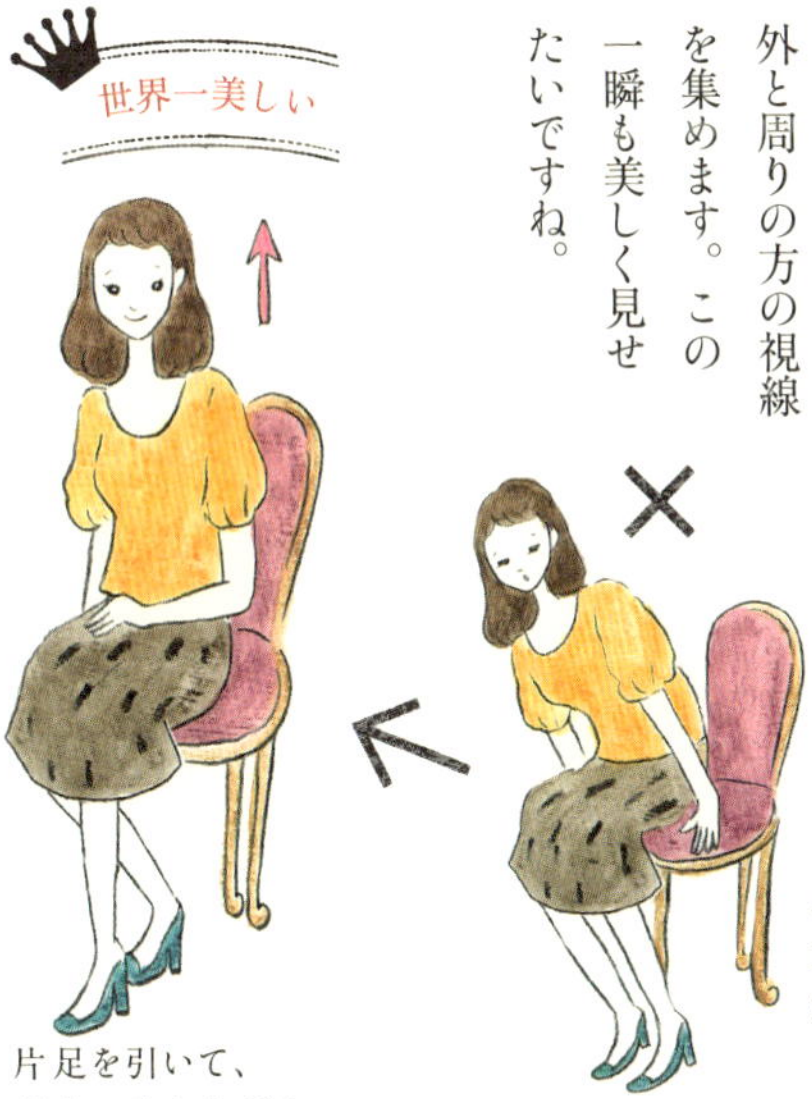

片足を引いて、真上に立ち上がる

上体を倒して立ち上がると疲れている印象に

手土産を渡すとき

手土産を渡す際、謙虚な気持ちを表そうと何度もお辞儀をする方がいらっしゃいますが、これは決して美しい所作とはいえず、自信のない女性に映ってしまいます。背筋を意識した美しい会釈でお渡ししましょう。これは名刺交換の際や書類を渡すときも同様です。

背筋を伸ばしたまま渡す

背筋や首を曲げると、美しさと自信を欠く

背中を丸めずウエストから折って会釈する

ふるまい5原則　その5

ワンムーブ・ワンアクションのふるまい

ひとつひとつの所作を丁寧に行い優雅さと余裕を表す

ふたつの動作を同時に行う〝ながら動作〟は、粗雑な印象を与えます。動作を分け、丁寧にふるまうことで、ひとつひとつての優雅さや余裕、相手の方や物への敬意を表せます。

×
脱ぎながら
そろえようとすると
不格好な姿に

世界一美しい

脱いだあと、姿勢を変え
丁寧に手でそろえる
動作を
分けて行う

ワンムーブ・ワンアクションのふるまいで こんなに美しくなれる

箸とお椀の持ちかた

お箸とお椀を同時にとり上げたり、お箸を先に持ったりするのはNG。まず、お椀を両手でとり上げます。次に、右手でお箸をとり上げたら、お椀を支えている左手の指ではさんで固定し、右手をお箸の下側へと持ち替えるのが正解。小鉢や取り皿も同様です。

お椀と箸を一度にとり上げるのはNG

お椀を両手で持ってから、箸をとり上げる

座布団

立った姿勢から座布団に直接座ったり、座っている畳の位置から1回で座布団に移ったりしてしまうのは見苦しさを感じさせます。まず畳の上で挨拶をしてから、両手の握りこぶしを支えに、何回かに分けてにじり寄って座ります。

座る動作、座布団に移る動作、そして座布団の中央に座るという動作を分けて行うことで、丁寧さや敬意を表せます。

座布団に1回で座るのはNG

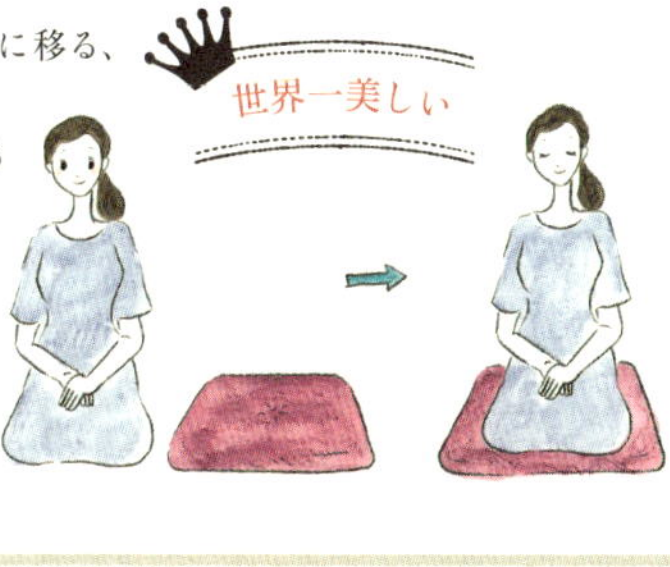

座る、座布団に移る、中央に座る動作を分ける

Column

ふるまいのレッスンはダイエット効果大!?

「先生、ウエストが細くなったんです！」「脚が引き締まったのかジーンズがゆるくなりました」これは、私のスクールで立ち居ふるまいレッスンを受けた生徒さんの数週間後の声。美しくエレガントに映るふるまいのレッスンを受けると、“この美しさをキープしたい”と願い、つねに美しい姿勢を意識するようになります。すると、それまで甘やかしていた筋肉が使われ、身体がしぜんと引き締まってくるのです。とくに、脚を閉じることや背筋を伸ばすことを意識していなかった女性には効果が大きく、「鎖骨を開く意識をしていたら背中までスッキリしました」など嬉しいご報告も少なくありません。

美しいふるまいや所作は、ジムに通ったり食事制限をしたりしなくてもあなたのスタイルを磨いてくれる、とてもお得なエクササイズでもあるのです。

Chapter 1

日常のふるまい

美しく見える立ちかた

背筋がスッと伸びた女性は凛として自信にあふれているように見えます。美しい姿勢を意識すると、日常のちょっとした場面で「上質な女性」と印象づけることができます。

基本の立ち姿勢

耳、肩、くるぶしが一直線になるように

すべてのふるまいの基本となるのが、姿勢です。姿勢が美しくないと、自信がないように見えてしまいます。

美しい立ち姿勢の基本は、耳、肩、くるぶしが一直線になっていること。自分で意識しづらい方は、壁に背をつけて立ってみてください。このときに、頭・肩甲骨・ヒップ・かかとの4点が壁に触れている状態が、最も美しく映る姿勢です。

壁がなくても、首を上に伸ばすイメージで鎖骨を開けば美しい姿勢に。姿勢を意識すると、普段より身長が2㎝ほど高く見えることも。

首を伸ばすと、背筋が伸びる
鎖骨を開く
耳、肩、くるぶしを一直線に
壁に背をつけて立つとイメージがつかめる

待ち合わせのとき

前後に脚をずらし 待ち合わせの相手をハッ！とさせる

待ち合わせのときなどは、つい片足に重心をのせた「休め」の姿勢をしてしまいがちです。これは楽な姿勢ですが、だらしがなく、スタイルが悪く見えてしまいます。

脚は左右に開かず、前後にややずらして立つと、美しく見えます。さらに、前側の膝を少し内側に曲げると、脚が細く見え、O脚も隠せます。待ち合わせや、電車を待つとき、信号待ちの交差点などで、実践してみましょう。

○ OK

両足を前後にずらして立つ

× NG

休めの姿勢はスタイルが悪く見える

世界一美しいふるまいかた

脚を美しく見せるヒールの目安は8cm以上

パーティなどで、優雅に見せたいときは、ヒールが8cm未満の靴はおすすめではありません。

8cm以上のヒールが女性の脚を美しく見せてくれる高さです。中途半端な高さのヒールでは、足首やふくらはぎが太く見え、老けた印象になることも。せっかくおしゃれをしても、これではもったいないですね。

カジュアルな装いでも、半端な高さの靴を履くより、ヒールのないバレエシューズを履いたほうが若々しく見えます。

8cm以上が脚を美しく見せる高さ

美しく見える歩きかた

颯爽とした印象に見せたいのか、優雅な印象に見せたいのか。シチュエーションやシーンに合った歩きかたができるのが、余裕のある大人の女性です。

歩くときの姿勢

1本線の上ではなく1本の線をはさむように歩くと美しい

服装やヘアメイクを優雅に決めていても、歩きかたによってスタイルが悪く見えたり、実年齢より老けて見えたりします。

前ページの美しい立ち姿勢で、かかとから着地して歩くのが、基本の歩きかた。さらに、視線をまっすぐ前に向けると、凛とした印象に。1本線の上や、脚を交差して歩く、モデルウォーキングと呼ばれる歩きかたが美しいと思いがちですが、プロの真似をすると、O脚など脚の欠点を強調してしまうことも。脚の隙間を閉じ、1本線をはさむイメージで歩くほうがしぜんで美しく見えます。

基本の立ち姿勢から歩き出す
首を縦に伸ばすと美しい姿勢に
腕は後ろに振る意識で
かかとから着地する
両足の隙間を閉じて歩く

階段を上り下りする

かかともしっかり階段にのせて

階段を上るとき「楽だから」と、かかとを階段にのせずに上っていませんか。たしかにこのほうが疲れにくいかもしれませんが、美しくは見えません。ヒールをしっかりと階段にのせて上りましょう。

手すりはつかむのではなく、手を軽く添えるくらいが優雅に見えます。目線を足元ではなく少し上に向けると、前かがみになるのも防げます。

手すりは
添えるだけ
目線を
下げない
かかとを
のせる

Q&A
こんなときは？

大き目のバッグをエレガントに持つには？

小指の側面
を見せる
ように持つ
手首を少し曲げる

腕は内側に
向ける

トートバッグなどの大きなバッグは持ちかたで印象が野暮ったくなったり、上品になったりするので要注意。

肩にかけるショルダータイプは、持ち手を握らずに、手を添えるようにして持ちます。このとき、手首を少し返して小指の側面を見せるように持つと、華奢な印象に。また、バッグをやや前下がりに持つと、重い荷物も軽く見え、スタイルアップして映ります。

ハンドバッグを腕にかけるときは、手は内側に向けるように。外側に開く持ちかたは「お買い物持ち」といわれ、スマートに映りません。

美しく見える座りかた

オフィスやカフェなど、座っている姿を見られるシーンは思いのほか多いもの。いつだれに見られても恥ずかしくないよう、美しく隙のない座りかたを身につけましょう。

座っているときの姿勢

膝の角度と指先を意識して座る

背もたれに寄りかからず、骨盤をしっかり立て、膝の角度が90度になっているのが、美しく見える基本の姿勢です。脚を投げ出したり、逆に両足を椅子の下に引っ込めてしまうと、だらしなく、脚も短く見えてしまいます。とくに、テーブルがあると気が緩むのでご注意ください。

しかし、仕事などで長時間座っていると、徐々に姿勢は崩れてしまいがち。そんな方には、ネイルなど指先を整えておくことをおすすめします。仕事中も美しい手元が目に入れば、きっと気持ちが引き締まり、背筋も伸びることでしょう。

こんなときは?

脚を流すときは、片足を引き、つま先を伸ばす

指先を整え
美意識を保つ
90°
膝は90度以下
にならないように

椅子に座るとき

スカートは片手で押さえて座ると優雅に

座るときは、前かがみの姿勢にならないよう、背筋をキープして。片足を引き、引いた脚を支えにしてゆっくりと腰を落とします。

そのときは、スカートの押さえかたを意識しましょう。シワを気にしすぎて両手でスカートをなでおろしながら座るのは、品がなく幼い印象に。片手でスッと押さえて座ると、洗練されて映り、前かがみにならず、美しい姿勢のまま座ることができます。

片足を引いて座る

スカートは片手で押さえる

世界一美しいふるまいかた

立ち上がる一瞬も美しく

静止していたものが動き出すので、座った姿勢から立ち上がるときは、人の視線が集まりますす。スマートにスッと立ちたいものですね。

上体を前傾させ、椅子に手をついて「よいしょ」と立ち上がる方も多いですが、品のある女性としては避けたいところです。

また、両足を引いて立つのも脚が綺麗に見えません。

ここで上品に見せるポイントは、片足だけ引いて立ち上がるということ。上体を前傾させずに、背筋も脚も美しく立ち上がれます。座るときと反対の流れなので、座りかたとセットで覚えておきましょう。

片足を一歩引いてまっすぐ立ち上がる

印象がアップする挨拶のしかた

第一印象は挨拶で決まります。どなたにでも自信をもって堂々と挨拶できるようになりたいですね。場面ごとに使い分けるなど、上手にメリハリをつけられるのが大人の女性です。

日常で挨拶するとき

基本は30度のお辞儀 軽い挨拶は15度の会釈

ビジネスシーンなどでの30度のお辞儀は、研修などで学ぶこともありますが、親しい方への軽い挨拶などに使う会釈は、意外とおろそかにしがちです。無意識にしている方が多いので、美しい会釈ができると周りに差をつけられます。

美しい会釈は、首からではなく、ウエストから15度折るのがポイント。また、すれ違うときに、一瞬だけ手を重ねて会釈をすると、上品で丁寧な印象を与えます。この姿勢は挨拶のときだけでなく、物を渡すときや名刺交換の際にも適しているので、ぜひ身につけておきたいですね。

名刺交換での挨拶

メリハリのある3回のお辞儀で仕事ができる印象に

人の第一印象は5秒で決まると思ってください。ビジネスシーンでの最初の挨拶は名刺交換。ここでの印象が、その後の仕事に影響することも。

ポイントは、アイコンタクトでの挨拶を大切にすることと、メリハリのある動作を意識することです。アイコンタクトのあとに30度のお辞儀をし、相手に近づいて両手で名刺を交換。その際は15度の会釈を忘れずに。そして名刺を受け取ったら少し下がり、再度30度のお辞儀をします。

何度も浅いお辞儀を繰り返してしまう方が多いのですが、それでは自信のない印象に。相手の目を見て、メリハリのある名刺交換をすると、できる女性という印象を与えられます。

1. アイコンタクト後 30度のお辞儀
30°
2. 相手に近づき、15度の会釈で名刺を交換
15°
3. 名刺を受け取ったら、少し下がり、30度でお辞儀
30°
いただいた名刺はウエストより下に下げない

これでもOK

テーブルをはさんでいても、「テーブル越しで失礼いたします」のひと言で、できる女性の印象に

印象のよい話の聞きかた

聞き上手な女性は、その姿も美しいものです。自身の癖を知り、あいづちの打ちかたや、共感の示しかたを磨くことで、「また話したくなる女性」を目指しましょう。

座って聞くとき

ソフトアイコンタクトで「目を見る」はほどほどに

相手に「よく話を聞いてくれていて嬉しい」と思わせるには、身体をほんの少し前傾させるのがポイント。また、両手をテーブルの上に置くと、興味をもって聞いているというアピールに。手を軽く組み手首を45度ほど曲げると、上品で美しい印象になります。

一般的に、話を聞くときは「相手の目を見る」といわれますが、アイコンタクトがすぎると威圧感を与えます。相手の眉や口元が入るくらい広い範囲を見るソフトアイコンタクトで。そのうえで、要所ではしっかりアイコンタクトをとって。

上体をやや傾ける
両手はテーブルの上に置く
手を組み手首を45度曲げると美しい

こんなときは?
メモをとるときも、もう一方の手はテーブルの上に

あいづちのバリエーションを増やして知的な印象に

相手の話に反応するときも、首だけでうなずくのではなく、腰から折るようにすると上品に見えます。あいづちも、「はい」だけでは興味をもっている印象を与えられません。あいづちのバリエーションを増やして、相手に「きちんと話を聞いてくれている」という安心感と、知的な印象を与えましょう。

立って話を聞くときは〝7度の気遣い〟を

立って話を聞くときは、美しい立ち姿勢でいることはもちろんですが、〝7度の気遣い〟が大切。背筋はまっすぐにしたまま、上体を7度だけ相手に傾けると、より真摯な印象を与えます。「耳を傾ける」という言葉を身体で表した形ですね。ホテルマンなどサービス業の方は取り入れているので、参考にしてみましょう。

世界一美しいふるまいかた

頬づえをついても美しく見せる

親しい友人の話を聞いているときなど、美しくないとは知りつつも、つい頬づえをついてしまうこともあるはず。

じつはこの頬づえも、ほんの少し気をつけるだけでだらしない印象にならず、反対にエレガントに見せることができます。

ポイントは指の使いかた。握った手や手のひらに顎をのせるのではなく、人差し指をそっと顎のあたりに添えると、上品なイメージに映ります。

印象がアップする話しかた

魅力ある女性は話しかたも洗練されています。声のトーン、表情、言葉遣い、そして話の端々に相手への気配りが満ちていると、「また会いたい」と感じてもらえるでしょう。

座って話すとき

両手を使ったしぐさは幼い印象 ジェスチャーは片手で品よく

話に夢中になると、つい大きな身振り手振りで話してしまうことも。両手を使った大きなしぐさは幼く見えますし、男性的な印象にもなります。会話中のジェスチャーは、指をそろえて片手で、なるべくコンパクトにすると上品に見えます。それでもあまり多用せず、要点を話すときだけにとどめて。ジェスチャー以外は、手はテーブルの上に置いておく意識をもちましょう。

また、大人の女性を感じさせるなら声のトーンも高すぎないように。聞き心地よく、品のある声で話したいですね。

ジェスチャーは
片手で品よく
指先をそろえる意識を
もう一方の手も
テーブルの上に

人前で話すとき

視線の移しかたで落ち着いて話せるように

プレゼンなど大勢の前で話すときは、聴衆の四隅にいる人を見るようにすると、慣れた印象となり、説得力が生まれます。

モニターや資料を使用する際は、たまに立ち上がったり歩いたりなどの動きがあると、聞いている人たちも飽きません。

聴衆の四隅の人を見て話す

こんなときは？

モニターや資料の説明では動きを加える

美しさの真髄

欧米ではテーブルに着いたら手を出しておくのがマナー

日本では、手を膝の上に置いて座るのが、行儀がよいとされています。しかし、欧米ではNG。武器を持っていない証しとして、席に着いたらかならず両手を上に出すのが正しいマナーとなります。

また、手を下ろしていると、隣の女性にちょっかいを出していると疑われてしまうともいわれています。

国が変われば、マナーも変わります。フレンチを食べに行くときや、海外のレストランでは、手はテーブルの上に置くことを忘れずに。パートナーにも教えてさしあげてくださいね。

手を下ろしているのは
よからぬことを
しているから？

優雅に見える指先のしぐさ

物を受け取るときなど、手元に視線がいく機会は意外と多いものです。そのため、手や指先の所作を少し意識するだけで、丁寧で上品な女性のしぐさとなります。

物を持つとき

指をそろえるだけでエレガントに見える

クラッチバッグなどは、持ちかたひとつで印象が大きく変わります。下から抱えて持つのは「集金持ち」とも呼ばれ、野暮ったい印象に。上から指先をそろえて持つと、優雅な印象に変わります。逆にクールで颯爽とした印象にしたいときは、指先を開いて持っても素敵です。

ペンなどの小物を取り上げるときは、親指、中指、薬指の3本を使います。小指は立てず、添える程度に。カップなどを持つ際は、親指、人差し指、中指の3本の指で持ち手をつまむように持つと品が出ます。

〈クラッチバッグを持つ〉

×
NG
下から持つと
男性的に

○
OK

こんなときは?
クール な印象にしたいときは指先を開いてみても

〈ペンを持つ〉

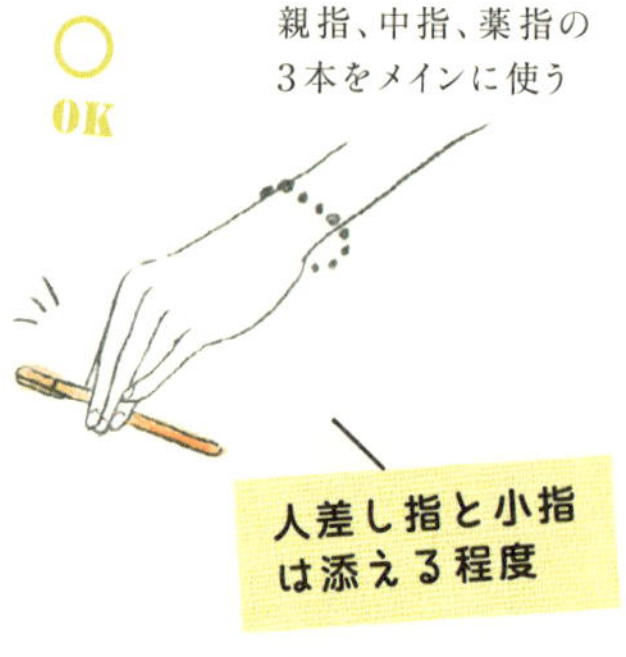
○
OK
親指、中指、薬指の
3本をメインに使う
人差し指と小指
は添える程度

〈カップを持つ〉

○
OK
持ち手には指を入れず、
3本の指でつまむ

受け渡しするとき

2段階で相手に向けると丁寧で優雅な印象に

書類など物を渡すときは、自分側に向いた書類を、まず時計回りに横向きにしてから、再度回して相手に向けます。渡しながら一気に向きを変えるのではなく、2段階でゆっくりと向きを変えることで、丁寧で優雅な印象に。これは、手土産などを渡すときにも応用できます。

時計回りで横向きにする

再度90度回し
相手に向ける

人差し指は伸ばし、
ほかの指は軽く添える

指し示すとき

かならず手のひら全体で「指す」のではなく「示す」

はさみや刃物だけではなく、指であっても相手にとがったものを向けるのは失礼な行為です。指し示すときは、かならず手のひら全体で示しましょう。

手のひら
全体で示す

世界一美しいふるまいかた

ペンで指すときも美しく!

細かい部分は手よりもペンで示したほうがわかりやすいことも。「ペンで失礼いたします」とひと言断ったうえで、ペンをのせた手のひらで示します。

何気ないひと言と所作ですが、相手に気遣いを感じさせ、あなたの印象を上げます。

ペンと手のひらで
指し示す

車の美しい乗りかた・降りかた

車を美しく乗り降りできる女性は案外少ないもの。ちょっとしたコツをつかめば上品で美しい所作で乗り降りできます。席次もしっかり頭に入れ、マナーを心得た女性を目指しましょう。

〈乗るとき〉

腰から先に入り
浅く座る
バッグは膝に置く

〈降りるとき〉

乗るときの逆。
腰を軸に身体を回して
先に脚を下ろす

〈席次〉

タクシーの場合　　自家用車の場合

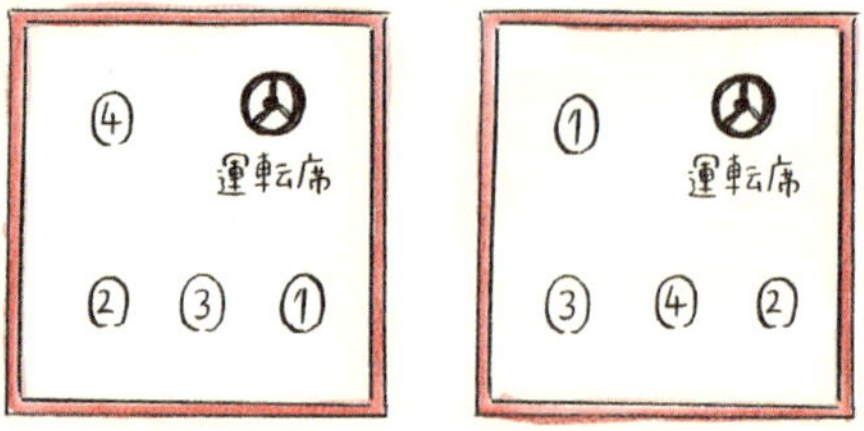
④
運転席
②
③
①
①
運転席
③
④
②

運転席の後ろが上座

運転席の隣が上座

車に乗るとき

まず腰を下ろし 脚をそろえて入れる

車は天井が低いため、頭をかがめてもぐり込むように乗ったり、脚から乗り込んだりしがちです。しかしそれでは、スカートの裾は乱れてしまいますし、見た目にも美しくありません。

先に腰から入り、浅く座ってから両足を入れるのがスマートで美しい所作です。バッグは膝に置いて乗ります。

降りるときは、乗るときと反対の流れになります。ドアを開けたら先に脚だけを車外に出し、脚が地面についてから、ゆっくりと立ち上がります。

ドアを押さえるなどのエスコートを受けたときは、笑顔で「ありがとうございます」「恐れ入ります」と感謝を伝えて。

世界一美しいふるまいかた

基本の席次にとらわれない

タクシーでは、後部奥の座席が上座になりますが、「乗り降りしやすい手前の席がよい」と思う方もいるでしょう。とくに、ご高齢の方やスカートや着物をお召しの方などは、車の奥まで入るのはたいへんなもの。いつでも基本のマナーどおり、「奥へどうぞ」では、かえって迷惑になることもあります。

そんなときは、「本来なら奥をおすすめすべきですが、たいへんかと思いますので、私が奥に乗りましょうか？」などとお聞きするとよいでしょう。相手への心遣いと、マナーを心得ていることが伝わるので、さらに素敵な女性に映ります。

着物の方には
席の希望を聞く

上品に見える写真の写りかた

女性にとって「写真写りが悪い」という悩みはとても重大なもの。しかし、じつは立ち位置やポージングのコツを覚えるだけで、エレガントでスタイルよく写ることが可能なのです。

立って写るとき

カメラに正面を向けず身体をやや斜めに

写真に写るとき、多くの方は身体を正面に向けるはず。しかしやや斜めにすると、身体がほっそりして映ります。

手は身体の前で組み、小指の側面を見せるように手首を軽くひねると、華奢で女性らしい印象になります。また、片手をウエストの少し上に添えると脚が長く見える効果も。

O脚を隠したいなら、脚をクロスさせるのもおすすめです。

また、目は一度伏せてから上げると、まぶたの筋肉が上がり目力があるように見えます。

〈基本のポーズ〉

身体はやや斜めに
手はおへその下で軽く組む
手首は45度に曲げ、小指の側面を見せる

〈脚が美しく見えるポーズ〉

ウエストのやや上に手を置くと脚が長く見える
手は小指側を前に
脚をクロスするとO脚が隠せる

座って写るとき

脚はあえて隠さない カメラに向けるとスラリと美しく

近くにあるものは大きく長く見え、遠くにあるものは小さく短く見えます。写真に写るときもこの錯覚を利用し、長く見せたいものはあえて前に出し、小さく見せたいものは奥にもっていきます。

自信がなくあまり見られたくないからと脚を隠そうとすると、よけいに短く太く見えてしまいます。脚はカメラに向けて流すことで、長くスラリと見えるのです。また、反対に顔は引きぎみにすると、より小顔に写ります。

長く美しく見せたいなら、脚はカメラに向ける

美しさの真髄

グループ写真で小顔に写りたいなら 迷わず真ん中へ

集合写真を撮るときに、遠慮したり、「写真写りが悪いから」と端のほうへ移動したりしていませんか。

写真の写りが気になる方こそ、思い切って真ん中へ。写真の端だと、レンズの湾曲により顔がゆがんでしまうため、真ん中で写ったほうが、ほっそり小顔に見えるのです。

もし腕組みするなら、手は腕の内側に入れず、肘に軽く添えるように。

写真の端は、レンズの湾曲でゆがんで写る

世界一美しい贈り物のしかた

喜んでいただきたくて用意する贈り物ですが、マナーを心得ていないと、逆に不快な想いをさせてしまうことも。マナーをしっかり押さえたうえで、印象に残る素敵な品と添える言葉を選びたいものですね。

引っ越し・新築祝いに、火にまつわるものはＮＧ

引っ越しや新築のお祝いでは、「火事」を連想させる「火」にまつわる贈り物はマナー違反になることも。アロマキャンドルなど、たとえオシャレでも火を使うものは避けましょう。赤という色も「火」を連想させるため、避けたほうが無難でしょう。

目上の方に靴や靴下を贈るのはＮＧ

目上の方へのお中元やお歳暮、昇進や転職などのお祝いの品として、靴下や室内履きなどを選ぶ方もいるのでは。しかし「踏みつける」を連想させる靴下や靴は、目上の方への贈り物には適しません。同様に「勤勉に」という意味のある文具も、目上の方に贈るのは避けましょう。

大人として用意したい贈り物ノート

親戚やご近所、親しい友人などからいただいた物、贈った物を書き留めておく「贈り物ノート」をつくるのもおすすめします。相手の好みや誕生日、家族構成なども記せば、「そろそろあの方の誕生日だ」「今年はお子さんが七五三だ」と、お祝いの時期も把握できます。贈った物を記録しておけば、同じ物を贈る心配もありません。また、いただいた品をメモして、お返しを贈るときの金額の目安にするのもよいでしょう。

お中元を贈ったら、お歳暮もかならず贈る

日ごろの感謝の意味を込めて贈るのが、お中元とお歳暮です。お中元を贈った相手には、「その年にお世話になった」という意味で、かならずお歳暮も贈るのがマナーとなりますので、ご注意を。どちらかのみ贈りたいときは、お歳暮を。

Column

コツをつかめば
男性でもエレガントに!?

私はこれまでに数多くの俳優の方々に、上品な役を演じるための所作指導を行ってきました。

とくに食事のシーンは長年の癖が出やすく、ナイフやナプキン、グラス、カップの扱いかた、乾杯のしかたなど、すべてを品よくこなすには時間がかかるものです。しかし、それらを短期間で習得されるプロ根性にはいつも感心します。

なかには、女性として生きる男性を演じるために、男優の方に女性の立ち居ふるまいを指導したことも幾度かあります。がっしりとした男性でも、脚や手、指先の所作を意識することでどこから見ても上品な女性に仕上がり、監督さんと共に喜んだものです。

性別はもちろん、どのような体格の方でもコツをつかめればエレガントに見せられるということを確信したこの経験は、私の自信ともなっています。

Chapter 2

訪問のふるまい

自宅を訪問する

ご主人や彼の実家、目上の方などのお宅を訪問するときは、とくに立ち居ふるまいかたに気をつけたいものです。「またお招きしたい」と思わせる大人の所作を心得ておきましょう。

訪問するときの装い

露出は少なめで品を大切に考えて

目上の方のお宅に伺うなら、清楚で露出の少ない装いで。和室に通されることも想定すると、正座がしやすいフレアスカートがおすすめです。親しい友人宅でないなら素足はNG。また、美しく脱ぎ履きするのが難しく、時間がかかって相手を待たせてしまうブーツなども避けます。

ただし、ご主人の実家を訪ねるなら、フォーマルすぎや、着飾りすぎも避けましょう。きちんとしつつも、すぐにキッチンに立てる装いで。

夫や彼の実家なら、
お手伝いできる
装いが好印象
正座もしやすい
フレアスカート
がおすすめ
素足はNG
夏でもストッキングを
脱ぎ履きしづらい
ブーツは避ける

訪問は食事どきを避け 約束より5分遅く到着を

訪問する時間帯は、食事どきを避けた午前10時から11時ごろまでか、午後2時から4時ごろまでが適切。

予定よりも早く到着すると、相手の準備が整っていない場合もあるので、指定の時間より5分ほど遅れて到着するようにします。ただし、10分以上遅れるときは連絡を。

彼のご両親は 彼の名前をつけて呼ぶと好印象

結婚前の彼の実家に訪問する際は、彼のご両親の呼びかたに悩む方も多いのでは。

この場合は、丁寧に「たかしさんのお母さま」など、彼の名前を入れて呼ぶと好感をもたれます。

相手のご両親の前では、パートナーを「さん」づけで呼び、立ててあげることもお忘れなく。

Q&A こんなときは？

彼の実家で家事は どこまで手伝うべき？

エプロンをお借りするのもおすすめ

お客様という扱いであっても、食事の片づけなどは「お手伝いします」と声かけを。そう申し出たうえで、2度断られたら、好意に甘えてもよいでしょう。

エプロンの持参は、用意周到すぎてかえって媚びて映ることも。「エプロンを貸していただけますか」とお願いするほうがかわいげがあり、おすすめです。

「洗い物をお手伝いしたいのですが……」など、尋ねながら手伝うと、丁寧で好感度もアップします。

玄関でのふるまい

あなたの印象は玄関に入る前から決まります。インターホンの映りかたから靴の脱ぎかたまで、すべてをチェックされていると思い、美しいマナーとふるまいを心がけましょう。

玄関に入る前の準備

コートを脱いでからインターホンを押す

相手のご自宅に着いたら、コートや手袋、マフラー、帽子などの防寒具も忘れずに外します。モニター画面つきのインターホンに全身が映ることもあるので、彼の実家や恩師宅といった目上の方のお宅訪問では、インターホンを押す前に服装をチェックし、整えて。

脱いだコートは裏返して軽くたたみ、腕にかけます。コートについた外の埃を家の中に落とさないようにする、大人の気遣いです。

雨の日ならハンドタオルを持参し、服についた水滴をふき取ってからあがりましょう。

1. コートの両肩に両手を入れる
2. 両手を合わせ、片方をかぶせるように裏返す
3. 縦に半分に折り、腕にかける
コートはインターホンを押す前に脱ぐ

玄関にあがるとき

靴は正面を向いて脱ぎ下座に寄せる

玄関で挨拶をしたら、「どうぞおあがりください」の言葉のあと、正面を向いて靴を脱ぎ、用意されていればスリッパを履きます。そして相手に背を向けないように少し斜めを向いて膝を折り、靴を半回転させます。

　脱いだ靴は下座側に寄せます。玄関では下駄箱側が下座になりますが、下駄箱の上に絵や花が飾られている場合は、そちらは上座となりますので、靴は反対側に寄せます。

　日本ではコート用クローゼットが玄関になく、コートは預かってもらえないことも多いでしょう。その場合は、コートを片手で持ったまま、もう一方の手で靴をそろえてあがります。

1. 靴は正面を向いて脱ぐ

2. 相手に背を向けないようにして膝を折り、靴の向きを変えそろえる

3. 靴を下座側に寄せる

こんなときは?
下駄箱の上に花や絵が飾られているときは上座になる

手土産の渡しかた

手土産を受け渡す場面は、渡す側も受けとる側もちょっぴり緊張するものです。しかし、ここがエレガントで品ある所作の見せどころ。余裕のある大人のふるまいを身につけましょう。

洋室で渡すとき

手土産を渡すのは部屋に通され挨拶をしてから

手土産は玄関先ではなく、部屋で挨拶をしたあと、座る前に渡します。紙袋から出し、「甘いものがお好きだと聞いたので……」など、喜んでいただきたくて選んだ気持ちを添えて渡します。

品物は正面を相手に向けて渡しますが、その際、一度で相手に向けずに、90度ずつ、2段階でゆっくり向きを変えると丁寧で優雅な印象に。

なお、紙袋は基本的に持ち帰りますが、「お預かりしましょうか」と言われたら、渡してもOK。また、会社やカフェなど人目につくところでは、紙袋のまま渡してもよいでしょう。

1. 紙袋から出す
2. 自分向きから相手向きに回していく
90°
3. 相手に正面を向けたら両手で手渡す
90度ずつ回し、2段階で向きを変える

こんなときは?

冷蔵・冷凍の品や大きな品は玄関先で渡してOK

和室で渡すとき

和室では座布団に座る前に渡す

手土産は、洋室と同様に部屋に通されて挨拶をしたあと、座布団に座る前に渡します。

部屋に通され、相手がお茶の用意などで別室に去ったら、座布団の脇に座り、手土産を自分の下座側に置いて待ちます。相手が戻ったら再度挨拶をし、手土産を渡します。

渡す手順も洋室と同じですが、畳の上を擦って差し出さないよう注意を。きちんと持ち上げ、丁寧に差し出しましょう。

畳を擦って差し出すのはNG

座布団に座る前に渡す

世界一美しいふるまいかた

ふろしきを使うとワンランクアップ

持ち歩く姿や結び目をほどくしぐさがとても優雅に映るふろしきは、使うだけで上品さを演出できます。着物でなくても、気軽に使ってみましょう。

色は紫の無地が慶弔両方に使えるのでひとつ用意しておくと便利です。普段使いなら、季節の柄や色味を取り入れた素敵なものもあるので、使い分けを楽しんで。

渡すときは、結び目をほどき、先にふろしきをたたんで脇に置いてから、手土産を渡します。

結びかたはいろいろありますが、凝りすぎずシンプルに包んだほうが、ほどいたときにふろしきにシワが寄りません。

ウエストより少し高めに抱える
片手で底を支え、反対の手を軽く添える

平包みは粋で品を感じさせる

洋室でのふるまい

訪問先では、長椅子（ソファ）やひじかけ椅子など、どこに座るか迷ってしまうことも。自信をもってふるまえるよう、席次の基本をしっかり押さえておきましょう。

洋室の席次

出入り口から遠い、ゆったり座れる長椅子が上座

たとえお客様側であっても、すすめられる前に上座に座るのはマナー違反。相手が「どうぞ奥のお席へ」と上座に誘導してくれたら、すすめられた席に座りましょう。

また、席の案内がない場合は、ひとまず下座に座って相手を待ちます。出入り口に近い席が下座、遠い席が上座の目安です。椅子の種類では、上席から「長椅子」→「ひじかけ椅子」→「背もたれつきの椅子」→「背もたれがない椅子」の順となります。飾り棚や暖炉、絵画や花なども上座の目印になります。

絵や飾り棚も
上座の目安になる
席の案内がないときは、
入り口に近い下座に
洋室では長椅子
が最も上座

荷物は足元か椅子の後ろへ テーブルには置かない

テーブルは食事やお茶をいただくところ。どんな訪問先でも、テーブルには荷物を置いてはいけません。椅子の下座側の足元か背中の後ろに置きます。ただし、手土産をいったん置く場合は、床ではなく椅子に置きましょう。

とくにコートは、飲食する部屋には持ちこまないのが理想です。持ちこむ場合は、なるべくコンパクトにたたんで目立たない場所に置きましょう。

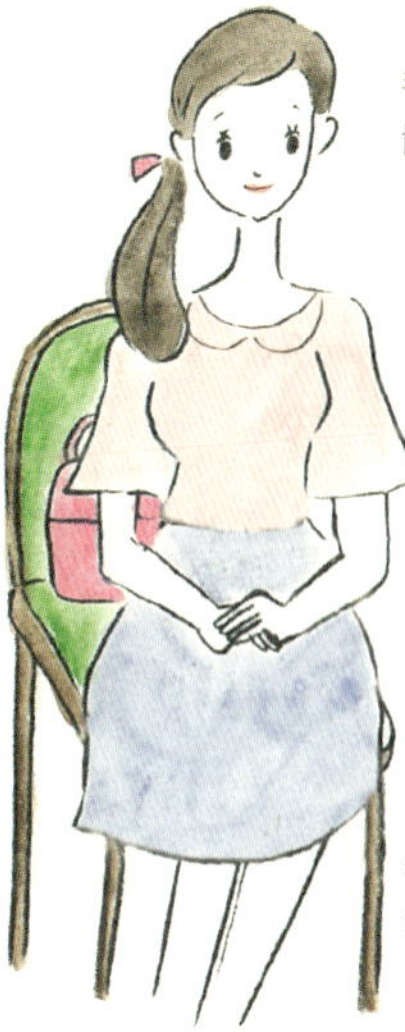

手土産を床に置くのはNG
荷物は背中の後ろか足元に

Q&A こんなときは？

ソファに美しく座るには？

浅く腰かけ、低いソファでは脚を斜め前方に流す

ソファに案内されたときは、沈み具合に注意を。あまり深く沈みこむと、だらしなく見えてしまいます。浅めに腰かければ、姿勢も崩れず、立ち上がるときもスマートです。

また、座面が低いソファではスカートの裾も気になるもの。そんなときは脚を斜めに流すと、裾の心配もなく、女性らしい印象になります。その際、脚は手前に引きつけるのではなく、やや前方に流すようにすると、より脚が長く見えます。気のおけない仲でしたら、スマートに脚を組んでみても。

和室でのふるまい

和室の立ち居ふるまいに自信のない方も少なくないでしょう。畳や座布団など普段使い慣れないものもありますが、正しいふるまいを身につけ、「和室でも品よく堂々とふるまえる女性」に。

和室の席次

和室の上座は床の間がポイントに

和室の場合も洋室と同じく、部屋に通されたら、まずは出入り口に近い下座で正座して待ちます。すすめられたら上座側に移動しますが、再度挨拶をするまではまだ座布団には座りません

和室では、床の間の前が上座になります。床の間がない場合は、入り口から遠い側か、花瓶や壺などが飾られている側が上座になります。

和の空間にはレディファーストのルールはありません。男性が同席の場合は、男性が上座に座ります。

和室では男性が
上座に座る
床の間の
前が上座

こんなときは?
席の案内がないときは
下座に座る

座布団の座りかた

まず脇に座ってから座布団の上に移動する

正座で挨拶をしたあと、「どうぞ座布団へ」とすすめられたら、指先をついてお礼を言い、座布団に座ります。正座のまま両手の握りこぶしを支えにして膝を浮かせ、にじりよるように3回ほど移動して座布団に座ります。その際、座布団の前面に5㎝ほど余白を残すと、バランスのよい美しさが生まれます。

座布団に座ったら背筋を伸ばし、肘は張らずに脇を締め、手を軽く組むと落ち着いた印象に。

なお、座る前や立ち上がるときに座布団を踏むのは、たいへん失礼な行為にあたるので、気をつけて。

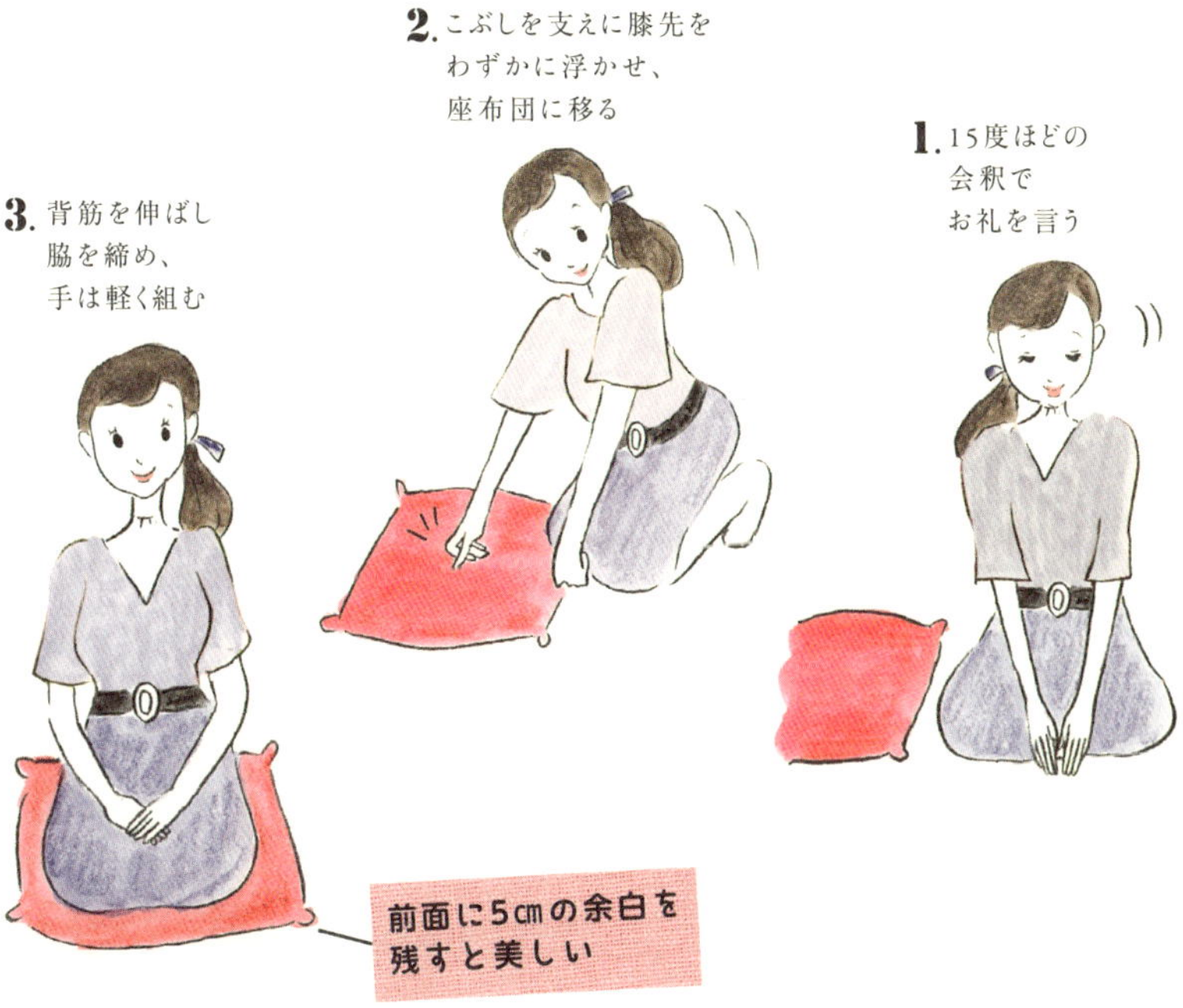

1. 15度ほどの
会釈で
お礼を言う
2. こぶしを支えに膝先を
わずかに浮かせ、
座布団に移る
3. 背筋を伸ばし
脇を締め、
手は軽く組む
前面に5㎝の余白を
残すと美しい

飲み物をいただく

訪問先では、お出しいただいたものに口をつけないのは失礼にあたります。おもてなしでいただくことが多い紅茶やコーヒー、日本茶などの美しい飲みかたとマナーは押さえておきましょう。

カップで飲むとき

スプーンは前後に動かすと上品な印象に

砂糖やミルクを混ぜるときは、スプーンを前後に動かすと上品な所作となり、混ざりやすくなります。スプーンについたしずくは振り落とさず、カップの奥側の縁にあてて切りましょう。

角砂糖はスプーンにのせてひたすようにして入れると、しずくが跳ねません。

なお、カップを両手で持つと「ぬるい」のサインとなるのでご注意を。ソーサーは置き、片手で持ち手をつまんで飲みます。ただし、ソファなどに座りテーブルと距離があるときは、ソーサーを持ったほうが上品に映ります。

1. 砂糖やミルクを混ぜる

2. スプーンをカップの縁にあててしずくを切る

3. 持ち手は指を通さずに3本の指でつまむ

こんなときは?

紅茶はミルクが添えられていてもまずはストレートで味わって

湯のみで飲むとき

両手でいただくのが和の世界のしきたり

家庭やオフィスなど、訪問先でいただくことが多い日本茶。つい自己流で飲んでいませんか？　この機会にいただきかたのマナーをきちんと見直しておきましょう。

和の作法では物を両手で丁寧に扱うのが基本。ふたを開ける際は、片手で湯のみを押さえ、反対の手でふたのつまみを持ち、手前から開けます。湯のみの縁に沿ってふたを回して軽くしずくを切ったら、左手を添え、湯のみの右側に裏返しにして置きます。

いただくときも、片手で湯のみの側面を持ち、反対の手を底に添えます。飲み終えたら、両手でふたを持ち、元のように静かに閉めます。

1. 手前からふたを開き、縁に沿って少し回ししずくを切る

2. ふたは湯のみの右側に両手で裏返して置く

3. 左手を底に添え口に運ぶ

お菓子をいただく

崩れやすいミルフィーユなど、出されると不安に感じるケーキはありませんか？　苦手意識がなくなるよう、美しい食べかたを押さえ、美しくいただけるようになりましょう。

お菓子のいただきかた

ミルフィーユは倒して　シュークリームはふたを外す

食べにくいケーキの筆頭といえばミルフィーユ。上からフォークやナイフを入れると、パイ生地が崩れ、クリームもはみ出し、見た目にも美しくありません。ナイフとフォークではさみ、そっと倒してからナイフを入れると美しく切れます。

シュークリームも、かじりつくとクリームがあふれ出してしまいます。ふたを外して、中のクリームをつけていただきましょう。

ケーキ類についているセロハンは、フォークではさんで回して取る方法もありますが、難しい場合は手ではがしてもかまいません。

ミルフィーユは倒してから
ナイフを入れる

シュークリームはふたを外して
クリームをつけていただく

これでもOK

ケーキのセロハンは、
手ではがしてもよい

おせんべいは袋の中で割ってからいただく

どのようなお菓子を出されても、食べ終えたあとのお皿やテーブルの上は美しくありたいもの。そのためには、おせんべいなどのくずが散りやすいお菓子は、袋の中で割ってからいただきます。個包装でない場合は、膝の上にハンカチを広げていただく気遣いを。

また、いただいたあとのお菓子の袋はひとつにまとめておくなど、片づけやすい心遣いも大切ですね。

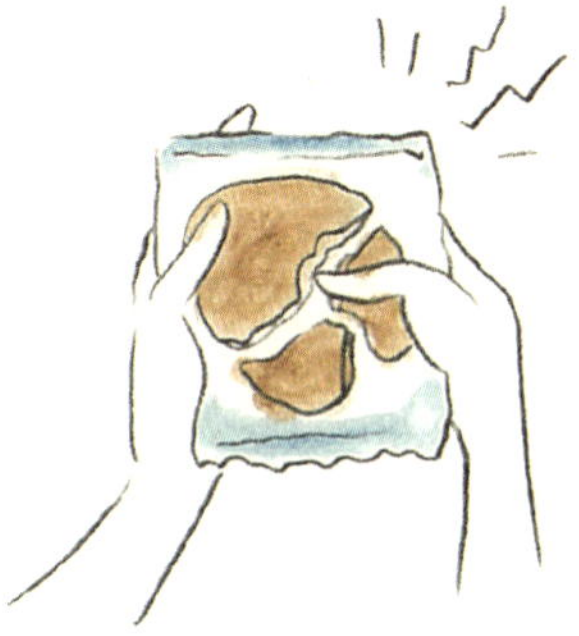

おせんべいは
袋の中で割る

世界一美しい
ふるまいかた

懐紙を使いこなして淑女になる

手皿はNGでも
懐紙を使えばOK

ナプキン代わりに
口や指先をふく

大人の女性のアイテムとしてぜひおすすめしたいのが、懐紙です。茶道で用いるものですが、日常でもたいへん役立ちます。たとえば、お菓子をいただくときに取り皿の代わりにしたり、口元を押さえたりするのに使うと、とても優雅で上品な所作に映ります。

ほかにも、指先を拭いたり、メモ用紙やポチ袋、一筆箋の代わりに使ったりと用途は様々。

ハードルが高い印象があるかもしれませんが、最近ではおしゃれな懐紙も増え、文具店でも購入できます。懐紙入れもいっしょにそろえて、季節や場面に合わせて使えると素適ですね。

おいとまのしかた

食事どきは避け、午後であれば夕飯じたくの前には帰るのが、相手への気遣いです。楽しかったことをきちんと言葉で伝え、「またお招きしたい」と思われる印象を残しましょう。

おいとまの切り出しかた

切り上げる目安は訪問から2時間ほど経ったら

話がはずんでいると、なかなか「そろそろ失礼いたします」と言い出しづらいことも。しかし本来おいとまは、訪問から2時間後くらいに訪問した側から切り出すのがマナーです。夕方なら夕食のしたくを始める時間あたりが切り上げどき。

お茶のおかわりをすすめられたタイミングで、「そろそろ夕食の時間ですから」「買い物に寄らなければなりませんので」などと切り出すとしぜんですね。「おしゃべりが楽しくて、つい長居してしまいました」など、楽しかった気持ちを添えると好感度もアップします。

夕食じたく前の
17時ごろが
切り上げどき
おいとまは
かならず訪問者
から切り出す

こんなときは?

夕食に誘われたら1〜2度は遠慮を。用意されているときは、お受けしてもよいでしょう

玄関口でのふるまい

コートや帽子類は玄関を出てから身につける

帰り際の玄関では、訪問時のふるまいの逆をたどるだけですが、間違えがちなのがスリッパの扱い。ラックまで戻してしまう方がいますが、向きを変え、下座側にそろえて置くのが正解です。

目上の方のお宅なら、コートや帽子、マフラーなどの防寒具は、挨拶のあと、玄関を出てから身につけるのがマナーです。ただ、「お寒いのでお召しください」などとすすめられたら、お言葉に甘えてもかまいません。

コートを着る際は大きな動作にならないよう、腕を下に向け、コンパクトな所作で着ると、上品でエレガントな印象になります。

〈コート・ジャケットの着かた〉

✕ NG

腕を上げて着ると男性的な印象に

○ OK

腕を下に向けてコンパクトな動作で袖を通す

世界一美しいふるまいかた

電話、手紙、メールなどで感謝の気持ちを伝えて訪問は完了

帰宅後に電話や手紙などでおもてなしへの感謝の気持ちを再度お伝えして、「大人の訪問」は完了します。

とくに遠方へ帰る場合は、帰宅後すぐに連絡をして安心させてあげましょう。ただし、帰宅時間が夜遅くになる場合は、連絡は翌日に。その際、相手は前日のおもてなしの疲れでゆっくり休まれていることも考えられるので、連絡は午前11時前後にするのがよいでしょう。

また、親しい間柄ならメールで、目上の方やお忙しい方であればお礼状でなど、相手によってお礼の伝えかたを考えることも必要です。

世界一美しい お招きの受けかた

ご自宅への訪問は、相手の家庭や自分の状況によって、様々なケースがあります。基本のマナーを押さえたうえで、どんな状況でも相手のことを考えた気遣いができる方こそ、世界一美しい大人の女性といえます。

赤ちゃんがいるお宅に伺うなら、服装と香りに気をつけて

香水など香りの強いものは控え、あまり親しくない場合は幼児を連れていくのも避けましょう。抱っこさせてもらうことも考え、ボタンやアクセサリーを赤ちゃんがちぎって、誤って飲み込むことのないよう配慮を。フープタイプのピアスなども避けて。

出産祝いを持参するなら、赤ちゃんへの贈り物だけではなく、ママへのお祝いと労いのプレゼントも喜ばれます。

お子さんがいるお宅に伺うときの手土産は、アレルギーに要注意

大人向けだけでなく、お子さん向けのおやつを手土産に持参すると気が利いています。子連れの友人を迎えるときも同様ですが、訪問先のお子さんの好みやアレルギーの有無などをあらかじめ聞いておくのも現代のマナーといえます。

手土産を忘れたときは、心ある嘘を

手土産を用意し忘れたときは、正直に伝えて謝るよりも、心ある嘘をつくのも大人のマナーといえるかもしれません。「軽んじられた」と相手を不快にさせないよう、「ぜひ召し上がっていただきたいお菓子を用意していたのですが、冷蔵庫に忘れてしまいました」など、相手のことを考え喜んでもらえるよう準備していたということを伝えましょう。

雨や雪の日のブーツでも、美しく脱ぐコツがあります

脱ぎ履きしづらいブーツは、脚を持ち上げずに自分が足元に近づいて脱ぎます。腰を落とし、脚を前後させてファスナーを上げ下げすると、美しいしぐさに。ロングブーツは立てておくと折れ曲がり、見映えが悪くなることがあるので、あらかじめ折って置くか、壁に寄りかからせるとよいでしょう。

お見舞いに行く

お見舞いは、喜ばれる場合もあれば、遠慮してほしいというときもあります。何よりも相手の気持ちを優先しましょう。お伺いするなら、回復に向かい始めたころがよいタイミングです。

お見舞いに行く前に

駆けつけたい気持ちを抑え事前にご家族に確認を

親しい方などが入院したときは、一刻も早く駆けつけたいという気持ちになるもの。しかし、先方も緊急の事態であり、体調が優れず急に訪ねては迷惑になる場合も。お見舞いに伺ってもよい状態かどうか、事前にご家族に確認しましょう。

伺う時間帯は、診察や検査のある午前中や、食事の時間を外した午後2時から4時くらいが一般的ですが、こちらもかならず事前に確認を。

伺うときは、派手な服装はもちろん、喪服を連想させる黒一色も避けます。相手を疲れさせないよう、見舞う時間は20分程度にとどめましょう。

派手な装いや
黒一色は避ける
滞在時間は
20分程度に

お見舞い品の選びかた

NGなお見舞い品をしっかり押さえて

お見舞いに花を持参する際は、注意が必要です。「寝（根）付く」を連想させる鉢植えや、花ごと落ちて縁起が悪い椿、香りが強い百合、お墓参りを連想させる菊、「死」と「苦」を連想させるシクラメンなどは避けるように。

また、花瓶の用意や水を替える手間もかかるなどの不都合もあり、花を禁止している病院もあるので、贈る際は事前に確認を。水やりの手間がないプリザーブドフラワーや、花瓶が不要なフラワーアレンジメントは便利ですが、こちらも病院に確かめてからのほうが安心です。

ほかにも、病床でも読める本や雑誌、日持ちのする個包装のお菓子などもおすすめです。お見舞い金は、のし袋か無地の白封筒に入れ、水引は「一度きり」という想いをこめた結び切りのものに。

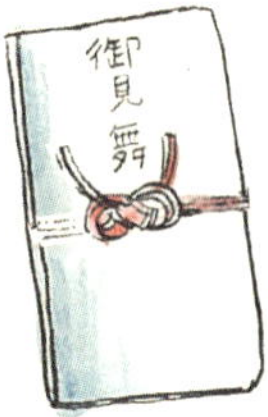

お見舞い金はのし袋か
無地の白封筒に入れ、
水引は結び切りに

本や日持ちのする
お菓子もおすすめ

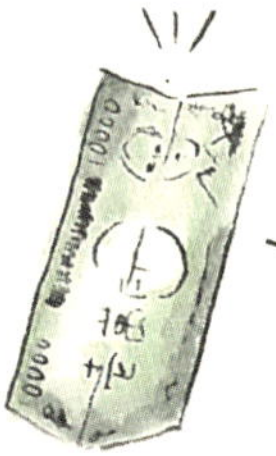

新札は一度
折ってから入れる

お見舞い金は折り目のある
お札を包む

シクラメンは「死」と「苦」を
連想させるのでNG

Column

マナーレッスンは プリンセスレッスン!?

私のマナースクールでは、上場企業の社長や役員、政治家など様々な方の所作指導を行っていますが、近年とくに依頼が増えているのが、お子さんのお受験対策レッスン。難関幼稚園や名門小学校の面接では、お子さんだけでなく、「ご両親の立ち居ふるまいが合否を左右する」といっても過言ではなく、お子さんがまだ0歳のころから通われている方も珍しくないのです。「プリンセスみたいにステキになりたい」と言って楽しんでレッスンを受けてくれる女の子の生徒さんも多く、時には、ドレスを着て授業を受けることも！

幼いときに身についた美しく正しい姿勢や所作は、いざという時にスッと出てくるもの。みなさん、将来はきっと素敵なレディになることでしょう！

Chapter

3

招待の ふるまい

お招きの準備

ゲストに満足してもらえる洗練されたおもてなしをするには、ひとつ上の気遣いが必要です。それは当日だけではなく、準備の段階から始まっています。

お招き前の掃除のコツ

照明のスイッチや蛇口などをお客様目線でチェック

訪問先の印象を大きく左右するのは、やはり清潔感。事前の掃除も大事なおもてなしマナーのひとつです。

お通しする部屋はもちろん、その家の第一印象を決める玄関はとくに念入りに掃除を。普段よく見ずに触れている照明スイッチは、思いのほか汚れを見落としていることが多いので要チェック。

また洗面所など、お客様が使う水回りの蛇口部分を磨いておくと、全体的に清潔な印象を与えられます。掃除のポイントとして覚えておき、時間がなくてもここだけは綺麗にしておいて。

照明スイッチの汚れは見落としがち

蛇口が輝いていると水回り全体が清潔に見える

事前の準備と確認

お客様の好みを考慮して おもてなしの品は複数用意する

お茶やお菓子は、お客様の好みや年齢、時間帯を考慮して用意しましょう。冷たいお茶や熱々のハーブティーなど、季節感のある飲み物を複数そろえて、カフェのように選んでもらうのも素敵ですね。

アレルギーの有無も 事前に確認を

最近では、牛乳や小麦粉、卵などのアレルギーのある方も増えているようです。お子さん連れの方をおもてなしする場合は、事前にお子さんのアレルギーの有無を聞いておくと安心でしょう。

また、なかには動物が苦手な方やアレルギーのある方もいるので、ペットを飼っている場合は事前に伝えておく気遣いも大切です。

美しさの真髄

真のおもてなしとは 相手に心地よく過ごしていただくこと

お招きでいちばん大事なのは、マナーを守ること以上に相手に気持ちよく過ごしてもらうことです。それを表す有名な逸話があります。

19世紀イギリスで、ヴィクトリア女王主催の晩餐会に招待されたある貴族が、指を洗うために出されたフィンガーボウルの水を飲んでしまいました。これは食事のマナーからいえばあり得ないこと。でも女王はお客様に恥をかかせないために、ご自身も同様にフィンガーボウルの水を飲まれたそうです。

私たちも、形式にとらわれず、お客様が心地よいと感じるおもてなしを心がけたいものですね。

来客の迎えかた

玄関でのお迎えから始まり、部屋への案内、挨拶、席へのすすめ、手土産の受け取りなど、美しい流れでスマートなふるまいができるように、ポイントを押さえておきましょう。

玄関での出迎えかた

コートを預かるのは男性ホストの役目

お客様をお招きする際は、事前に清潔なスリッパを用意し、到着する前に玄関の中央にそろえておきます。

大きな手荷物やコートを持っている場合は預かりますが、この役目は男性が担当すると洗練されていてスマートです。

お預かりしたコートは型崩れしないよう、しっかりしたハンガーにかけて、お客様を招き入れる部屋とは異なる部屋にかけておきましょう。

預かったコートは
ハンガーにかけ別室へ
コートを預かる
のは男性の役目
スリッパは玄関の
中央に用意しておく

部屋への案内のしかた

押すドアは自分が先に 引くドアはゲストを先に

部屋へ案内するときは、自分はお客様の斜め前を歩いて誘導します。

部屋に招き入れるときは、押して開けるドアなら、自分が先に部屋に入り、ドアを押さえてお客様を迎え入れます。開けたドアを押さえ、もう一方の手でお客様を中に誘導しましょう。

押して開ける
ドアは自分が
先に入る

引いて開ける
ドアはお客様を
先に通す
誘導する手の指先
をそろえると上品

世界一美しいふるまいかた

ふすまの開け閉めは3段階に分けて

1. 正面に座り5㎝ほど開ける
2. 身体の正面まで開ける
3. 反対の手に替え、数㎝残して開け終える

③
②
①

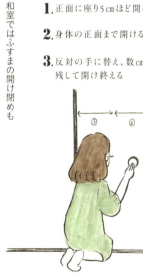

和室ではふすまの開け閉めも正しく行いたいものです。ドアと違ってノックをしないため、いきなり開けてお客様を驚かせないように、3段階で開けます。

手順は、まずふすまの正面に座り、「失礼します」と声をかけてから手を引手（手をかけるくぼんだ部分）にかけて、5㎝ほど開けます。そして、その手をふすまの枠に沿って床から30㎝ほどの位置まで下に滑らせたら、身体の正面まで開けます。そこで反対の手に替え、残りを開けます。開けきってしまうと閉めづらくなるので、数㎝ほど残しておきます。

手土産のいただきかた

手土産をいただく場面では、受け取りかただけではなく、受け取った手土産をどう扱うか、どんな言葉を添えるかなどでも、お客様への心遣いが表せます。

手土産の受け取りかた

いただいた手土産はその場に置いておかない

客間にお客様を通したら、上座にお座りいただくようすすめます。お客様が手土産を持参していたら、このタイミングで渡してくれるはずです。「お気遣いありがとうございます」「ありがたく頂戴いたします」などと、感謝の言葉とともに両手で受け取りましょう。

いただいた手土産はその場に長く置かず、お茶の準備をするタイミングで再度お礼を告げて、キッチンなどの別室に運びます。

和室の場合は、いただいた手土産は席を立つまでは上座側に置きます。

手土産を
置きっぱなしに
するのはNG
手土産はタイ
ミングを見て
別室に運ぶ

いただいた手土産を出すときは「おもたせですが」のひと言を

お客様の手土産がお菓子などであれば、その場で出していっしょにいただくことも。その際は、「おもたせですが」とひと言添えて出します。「おもたせ」は、いただいた手土産のことを指す敬語です。

もし、自分が用意していたお菓子とかぶってしまったら、「こちらもお味見してください」と両方出してもよいですし、ゲストへのお土産として包んでもよいでしょう。

用意していたお菓子はお客様へのお土産として包んでも

いただいた手土産は「おもたせ」と呼ぶ

世界一美しいふるまいかた

上座と下座を心得て家具を配置する

一般家庭でも、椅子の位置や種類によって上座と下座があると紹介しました。

しかしときには、上座である長椅子が、下座の位置である入り口近くに置かれているなど、部屋の上座下座と家具の配置が矛盾している場合があります。お客様を惑わせてしまうことになるので、確認しておくとよいでしょう。

席次マナーを心得た部屋づくりをするのも、ゲストの混乱を避けるために大切です。お客様をお招きする機会があるなら、家具の配置をいまいちど見直してみてはいかがでしょうか。

長椅子は部屋の奥に置くのが正解

紅茶でもてなす

普段自己流で淹れている紅茶も、お客様のためにおいしい淹れかたを知っておきたいもの。正式なテーブルセッティングや出しかたのマナーも心得ておきましょう。

おいしい紅茶の淹れかた

温めたポットに熱湯を注ぎ
茶葉をジャンピングさせる

紅茶は少しのコツで味が何倍にもおいしくなります。ポイントは温度。沸騰したお湯で淹れるのが、いちばんおいしいといわれています。

人数＋1杯分の茶葉をティースプーンでティーポットに入れ、沸騰したてのお湯を少し高めの位置からポットに注ぎ、茶葉がお湯の中で動くようにします（ジャンピング）。蒸らす時間は、茶葉の種類に合わせて。

また、ポットとカップはお湯であらかじめ温めておき、寒い季節なら、ポットはティーコージーと呼ばれるポットカバーで冷めないようにしておくと、よりおもてなしの心が伝わります。

1. お湯を入れて
ポットとカップを温める
2. お湯を捨ててから
ポットに茶葉を入れ
沸騰したてのお湯を注ぐ
熱湯を高めの
位置から注ぐ
3. 3分ほど
蒸らして
ティーカップに注ぐ

お客様への出しかた

持ち手は右 スプーンは手前が主流

トレイにのせたソーサーに、紅茶を注いだカップをセットして運びます。いったんサイドテーブルかテーブルの下座にトレイを置き、目上の方から順番に出します。

ケーキなどのお菓子があるときは先にお客様の正面に置き、カップはその右側に。飲み物のみ出すときはお客様の正面に置きましょう。

持ち手を右に向け、手前にスプーンを置くのが現在の主流なセッティングです。

お客様から見て中央にお菓子、右側にカップ

紅茶の注ぎかた

ふたは手で押さえず ポットは片手で持つのが正式

両手を使ってふたを押さえて注ぐのが丁寧と思いがちですが、それは和の場面でのマナーです。日本茶はかならず片手を添えて注ぎますが、紅茶のポットは右手だけで扱います。

ポットは片手で持って

日本茶でもてなす

日本茶は家庭から会社まで、どんなお客様にも出せるおもてなしの飲み物です。日本の美しい所作とおもてなしの心で丁寧にお出ししたいですね。

おいしい日本茶の淹れかた

煎茶は少し冷ました80〜90度の湯で淹れる

日本茶には、煎茶、玄米茶、ほうじ茶、玉露など種類がありますが、なかでも一般的なのは煎茶でしょう。

おいしく淹れるコツは温度。紅茶は沸騰したてのお湯を使いますが、煎茶では渋みが出てしまうので、少し冷ましたお湯を使います。

先に湯のみと急須にお湯を注いで温めておき、急須のお湯は捨てます。それからひとりあたり茶さじ1杯程度の茶葉を急須に入れ、湯のみのお湯を急須に移します。1〜2分蒸らしたら、濃さが均一になるように注ぎ分けましょう。

1. 湯のみと急須にお湯を入れ、急須が温まったらお湯を捨て、茶葉を入れる
2. 湯のみが温まったら、お湯を急須に移す
3. 濃さが均一になるように、何回かに分けて注ぐ

こんなときは?
玄米茶やほうじ茶は香りを引き出すため、高めの温度のお湯を使う

お客様への出しかた

湯のみと茶托は別々にしてお盆にセット

お茶を注いだ湯のみと茶托を別々にお盆にのせて、サイドテーブルかテーブルの下座に用意します。これはこぼれたお茶などで茶托を汚さないようにするためです。

湯のみの底を布巾でひとふきしたら茶托にセットし、湯のみの絵柄がお客様の正面にくるようにお客様の右側から出します。木目のある茶托は、木目が横になるように置きます。

お茶はお客様の右側から出す

おかわりの注ぎかた

おかわりは一度下げて淹れ直すと丁寧

お茶のおかわりは、その場で急須からつぎ足すのではなく、一度湯のみを下げて、中身を捨ててから注ぎ直すと丁寧です。また、煎茶からほうじ茶など、違う種類のお茶を淹れると気の利いた一段上のおもてなしに。急須は紅茶のポットとは異なり、かならず左手でふたを押さえて注ぎます。

世界一美しいふるまいかた

相手に余韻を残す〝なごり手〟の美

お茶を置き、手を下げる際、相手に近いほうの手から先に引き、少し遅れてもう片方の手を引くと、美しい余韻が残せます。ほんの一瞬の差ですが、印象が大きく変わります。

お菓子でもてなす

和菓子も洋菓子も、お客様の好み、季節、飲み物とのマリアージュなどを考え、相手に楽しんでいただけるように工夫をこらすことで、おもてなしの心を表しましょう。

ケーキの出しかた

ケーキは食べやすいもので　セロハンを外して出して

正式には、先にケーキなどのお菓子、次に飲み物の順で出しますが、自宅であればいっしょに出してもかまいません。

ケーキはお客様の正面に、飲み物はその右側に出します。ケーキについたセロハンは乾燥や形崩れを防ぐものです。食べにくくなるので、外してからお出ししましょう。

シュークリームなどの手でいただくものにはおしぼりを用意するのはもちろんですが、パイやミルフィーユなど、食べにくいものは避けるのもお客様への心遣いです。

持ち手を右に向け、
ケーキの右側に置く
家庭ではケーキと飲み物は
いっしょに出しても
ケーキのセロハン
は外して出す
ナイフも用意する
とより丁寧に

スナックも器や懐紙でおもてなしに

急な来客でケーキの用意ができない。そんなときはスナックやおせんべいなどでも、塗りの器や懐紙に盛ればおもてなしの気持ちが伝わります。洋食器に和紙を敷いても素敵ですね。ひと手間を加えることで、心遣いを表せます。

また、フルーツなどの食べにくいものは、皮をむいてひと口大にカットして出すなどの気遣いを。

懐紙を使うと
おもてなし感が高まる
盛りすぎずに、お皿に
余白をつくって品を出す

世界一美しいふるまいかた

和菓子には懐紙と黒文字を添えて

和菓子も洋菓子と同様に、お客様から見てお菓子を中央、お茶を右側に出します。懐紙を敷いて出すと、とても上品に映ります。

また、和菓子には黒文字を添えると、より風情が出ます。黒文字は、クスノキ科の木を削ってつくった楊枝のこと。お出しする際は、水にひたして色と香りを引き立たせるのもおもてなしの心です。懐紙の手前を少し折り、そこに差しこむように黒文字をはさみましょう。

お客様がお菓子を残されたときは、懐紙に包んで、お土産としてお持ち帰っていただけます。

和菓子は
お客様の正面、
お茶は右に置く
懐紙を折って
黒文字を差しこむ

お見送りのしかた

ファーストインプレッションも重要ですが、お招きのフィナーレであるお見送りも大切です。ここで品よくふるまえれば、きっとあなたは印象よくお客様の心に残るでしょう。

訪問のお開きのしかた

お客様が切り上げやすいタイミングをつくる

本来はお客様側から訪問を切り上げるのがマナーですが、お客様側も言い出しづらいということもあります。

そんなときは、お客様が切り上げやすいタイミングをつくってあげて。「あら、お引き留めしてしまいまして……」と、自分が引き留めたよう伝えたり、「お夕飯のご準備はいつも何時ごろからですか？」と相手を気遣う表現で尋ねてもよいでしょう。

自分に予定がある場合は、急にお開きにするのではなく、事前に伝えておくのもマナーです。

さり気なく、お開きの
タイミングをつくる
お引き留めして
しまいましたわ

玄関での見送りかた

コートを渡すのは招いた側の男性の役割

お客様が玄関に向かう前に、靴は玄関の中央にそろえて用意しておきます。

預かっているものがあれば、玄関で渡しましょう。コートは靴を履く前に、招いた側の男性がさっと着せてあげると素敵ですね。相手が着るのを遠慮していたら、「外はお寒いので」とすすめてあげましょう。

お土産は家族に向けかさばらないものを

お土産を渡すのであれば、日持ちのする、かさばらないものを。「ご家族で召し上がってください」「私たちも好きなお菓子なので息子さんとぜひ」などのひと言も添えて。邪魔にならないよう、お客様が靴を履いてから渡しましょう。

Q&A
こんなときは？

どこまで見送るのが正解？

見送りはどこまでするのが正解なのか、悩むことも多いはず。一戸建てなら玄関先でも充分ですが、目上の方であれば門の外まで出て見送りましょう。車でお帰りの際は、見えなくなるまで、その場に立って見送ります。

またマンションなら、エレベーターの前までが一般的。招いた側がボタンを押し、お客様が乗られたら、「お気をつけて」などの言葉をかけ、ドアが閉まるのを見届けます。深々と頭を下げてお辞儀をするよりも、相手の顔を見て会釈で送るほうが、気持ちが伝わりますね。

世界一美しい
おもてなしのしかた

おもてなしの気持ちは、ちょっとしたアイテムでも演出できます。ここで紹介しているアイテムは、手軽に手に入るものばかりです。急な来客でも対応できるよう、そろえておくと安心ですね。

清潔なスリッパで、おもてなしの心を演出

玄関口でおもてなしの心を演出できるもののひとつがスリッパ。手軽に手に入るものでもかまわないので、清潔感のあるものを、人数分用意しましょう。

ハンガーは、木製のしっかりしたものを用意する

ハンガーは木製などのしっかりしたものを用意し、コートやアウターを預かれるように。厚みのないものは服の形が崩れやすく、おもてなし用にはNG。

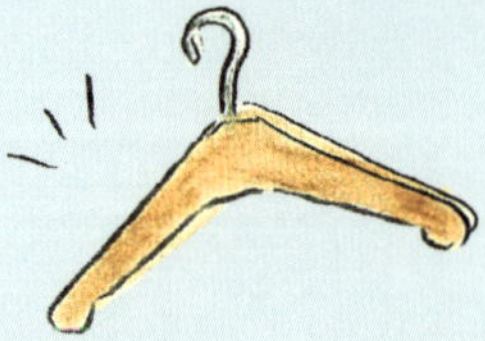

ランチョンマットで、おもてなし感アップ

テーブルコーディネートの演出として、手軽にイメージを変えられるのがランチョンマット。ランチだけではなくティータイムにも使え、敷くだけで特別感が高まります。布製のもの以外にも、和紙や半紙などを敷いてみるのもおすすめです。品がよく、どんな色の器とも合うので、和のおもてなしに限らず洋菓子や洋食でも使えます。

コースターはゲストのために

コースターも、冷たい飲み物を出すときは水滴受けとして必須。お客様の洋服に水滴が垂れてしまうのを防ぎます。様々な素材のものがありますので、季節によってフェルトや竹製など使い分けると素敵ですね。

ピックひとつで、食卓が楽しい印象に

お菓子や料理をふるまうときに、一般的な楊枝ではなく、季節やお招きの趣旨に合ったピックを刺してお出しするのもおすすめです。様々な模様や形があるので、会話のきっかけにもなり、それだけでテーブルが華やかになるとても便利なミニアイテムです。

ホームパーティに招待する

友人やママ友、ご主人の仕事関係の方々などをお招きするホームパーティ。ゲストの方ひとりひとりに楽しんでいただけるよう、ホストとしてのスマートなふるまいが求められます。

ホストの役割

話題の提供もホストの役割

お客様への話題提供も、ホームパーティのホストの役割のひとつ。ゲスト同士が和やかに会話できるよう、話題を見つけてさしあげます。

また、「田中さんはお料理がプロ級なんですよ」など、初対面のゲストの素敵な部分を紹介して、コミュニケーションが円滑になるよう誘導していくのもホストの役割です。

紹介する際は、先に目上の方に紹介するのがマナーとなるので気をつけて。

ホストの方は、少なくとも10個くらいの話題を用意しておきたいものですね。

ゲストの趣味や
特技を伝える
初対面のゲスト
同士は早目に
ご紹介する
まず目上の方に
紹介するのがマナー

持ち寄る料理や費用の分担は事前に伝えておく

参加する方が不安を感じなくて済むように、どのような方が参加するのか、料理は持ち寄ったほうがいいのか、経費はだれがもつのかなどは事前に決め、参加者全員に伝えましょう。

料理を持ち寄るパーティなら、種類が偏ったり、負担する金額に差が出たりしないよう配慮を。料理の種類や量、金額の目安も事前に決めておくと、気持ちよく参加していただけますね。

また、参加者のグラスがわからなくならないよう、コースターやグラスマーカーを用意するのも粋な演出です。

ゲストの名前を書いた
懐紙をコースター
代わりにしても

世界一美しい
ふるまいかた

「いつつくったの!?」と思わせるのがパーティ上級者

がんばってつくった料理を披露したい気持ちはわかりますが、料理にかかりっきりでキッチンから出てこないのはパーティ上手とはいえません。

ゲスト同士のコミュニケーションを円滑にするのも、ホストの役目ですので、料理は当日あまり手間をかけずにできる工夫を。前日までに下ごしらえをし、当日はオーブンで焼いたり、温めたりするだけでできるようなメニューに。

いつ準備していたのかをゲストに悟らせないようふるまえるのが、パーティ上級者です。

当日すぐに出せるよう
料理は下ごしらえを

世界一美しい

ホームパーティの伺いかた

最近は様々なスタイルのホームパーティが人気です。しかし参加者は気楽でも、主催者は準備などで大忙し。友人や同僚、ママ友などどんな集まりであっても、主催者への気遣いは欠かせません。

料理を持ち寄るなら、完成品を

主催者に料理の仕上げを頼むのは手間をかけさせてしまい迷惑に。加熱やカットは事前に行い、あとは盛りつけるだけという状態で持っていくのが、パーティ慣れした女性といえるでしょう。

冷凍や冷蔵が必要なものは、事前に確認を

パーティ当日は、主催者のお宅の冷蔵庫は下ごしらえをした料理でいっぱいということも。アイスクリームなどの冷やして召し上がりたいものは、持っていく前に主催者に確認しましょう。

持ち寄りの料理とは別に、手土産があると◎

持ち寄った料理は、あくまでそのパーティで食べるためのもの。感謝の気持ちを伝えるために、主催者には別の手土産を用意すると気が利いていますね。ただし、お菓子などをお持ちすると、「今お出ししたほうがいいのかな」と相手に気を遣わせてしまうこともあります。ご家族向けに持参した旨を伝えて。

手伝うときは、ひと言確認してから

キッチンに入られたくないという方もいるため、料理を運んだり、食器を片づけたりと手伝うときは、かならずお伺いをたててから。「ゆっくり座ってて」などと遠慮されたときは、お言葉に甘えるのも大人のマナーです。また、使った食器を重ねるのを嫌う方もいますので、そのお宅のやりかたをお聞きしてみて。

Column

No.1になるのも ふるまいしだい!?

私のスクールでは、銀座のホステスの方もレッスンを受けています。みなさん「エレガントにふるまえるようになり、ライバルに差をつけたい」とおっしゃいます。たしかに、美しいふるまいや言葉遣いはお客様からの指名の数や売り上げにも影響しますね。

お客様と食事に行く機会も多く、和食からフレンチまで上品にいただく必要があるので、テーブルマナーレッスンは必須です。ほかにも、お店での接客ではどちらの手でスカートを押さえながら座るべきか、脚はどちらに流したほうがお客様にとって心地よいかといったふるまいや、会話中の目線やあいづちの打ちかたなど、心理効果を交えたアドバイスもお伝えしています。

華やかな世界であっても、その裏には日々の努力と研究を怠らない、接客のプロとしての姿勢が見られます。

Chapter 4

外食のふるまい

レストランで食事をする

装いはもちろん、立ち居ふるまいもお店の品格に合わせられるのが、大人の女性。あなたの存在でお店のランクがさらにアップする、そんな女性を目指しましょう。

レストランでの装い

ドレスコードを確認し華やかな装いで〝華席〟へ

インテリアや料理だけでなく、そこに訪れたゲストもお店の雰囲気を演出する要素のひとつ。そのためドレスコードには充分注意を。昨今は「スマートカジュアル」と呼ばれるものが主流となっています。判断が難しいときはジャケットを一枚持っていけば安心です。お店にふさわしい装いとふるまいができれば、〝華席〟と呼ばれるいちばんの上席に案内されることも。

また、格式あるお店では、男性は「ジャケット着用」が一般的。男性と訪れる際は、事前にドレスコードを伝えておくのもマナーです。

いつもよりちょっと
オシャレな装いを
意識すればOK
迷ったときは
ジャケット持参で

持ち物の注意

急なお誘いでも慌てない 小ぶりのバッグは大人のたしなみ

「仕事終わりに取引先と急遽食事に行くことに！」。働く女性ならそんな日もあると思いますが、仕事用の大きなバッグを持ち込んでは、優雅な雰囲気を壊してしまいます。大きな荷物はかならずクロークに預け、店内には小ぶりのバッグで。

急なお誘いがあっても堂々と受けられるよう、小ぶりのバッグやポーチなどを用意しておくのも、レディのたしなみのひとつです。

また、小さなバッグには最低限のものしか入らないので、お財布やメイクポーチなども小さなものに代えられると、よりスマートです。

小ぶりのバッグを常備しておく

入れ替え用のミニ財布も準備

美しさの真髄

エリザベス女王も つねに持ち歩くハンドバッグ

ハンドバッグを肌身離さないのがレディのたしなみ

女性の装いはハンドバッグで完成します。ハンドバッグを持つことは、レディのたしなみなのです。

これは、世界共通の認識でもあります。英国王室のエリザベス女王は、普段の散歩から公式晩餐会まで、どこに行くにもかならず左腕に上品なバッグを提げていることで知られています。ファッションに合わせて300個以上のバッグをお持ちなのだとか。

世界の上流階級の女性にとって、ハンドバッグがどれほど大切なアイテムとして扱われているかが、よくわかりますね。

入店するときのふるまいかた

レストランではテーブルマナーばかりに意識が向きがちですが、予約時や入店時、オーダーのしかたや会話などを通して、お店側はしっかりあなたをチェックしているのです。

入店するとき

レストランではレディファーストエスコートは堂々と受けて

ホテルやレストランでは、レディファーストが基本。エントランスでは、男性がドアを開け女性が先に店内へ。お店のスタッフが開けてくれたときも同様です。

入店して席に向かうときは、スタッフの誘導があれば女性が前を歩き、同行者の男性はそのあとに続きます。ただしスタッフの案内がないときは、男性に先導してもらいましょう。

男性と譲り合ったり、遠慮したりするのはスマートではありません。マナーを知り堂々とエスコートを受けることで、男性もより素敵に映ります。

こんなときは?

スタッフの案内がないときは男性の後ろを歩く

コートや荷物はクロークに預ける

格式あるレストランでは、入店時に大きな荷物を持っていると、「お預かりいたしましょうか？」と声をかけられます。レストランは食事を楽しむ非日常の空間。大きな荷物はお店の雰囲気を壊すうえ、椅子の横に置くとサービスの邪魔にもなります。食事の場にふさわしくない荷物はかならずクロークへ預け、小ぶりのバッグで席へ。

また、コートやマフラーなど食事に不要なものも、持ち込むのは避けたいところです。コートを肩からスッと落とすようにしてスマートに脱ぎ、クロークに預けましょう。

大きな荷物やコート、マフラーは持ちこまない

Q&A こんなときは？

女性がもてなす側になるときは？

事前に伝えていないと、女性には料金が載っていないメニューが渡されることも

レストランで女性が男性をもてなすときは、事前にお店に連絡を。男女でレストランに行くと、通常は男性側がホストと見なされます。女性には料金が記載されていないメニューが渡されることも。どちらがホストかによって案内される順序や席次も変わってきますので、女性がもてなす側の場合は、ご注意ください。

もし、誕生日などのお祝いをするなら、ケーキの準備などはお店にお願いしてみては。「お名前はお入れしますか」「ロウソクはご用意しますか」など、嬉しい提案をしてくれるかもしれません。

レストランでのふるまいかた

せっかく上質なレストランに行っても、マナーを心得ていないと緊張して楽しめませんね。守るべきマナーを押さえて堂々とふるまえる女性になりましょう。

着席するとき

着席のエスコートを受けるときはテーブルぎりぎりに立つ

テーブルに案内されたら、スタッフのエスコートで椅子に座ります。左腰に護身用の剣を差していた昔の西洋の名残で、椅子の前には「左から」入るとされていますが、座席の配置にもよるのであまりこだわらなくてもよいでしょう。

椅子を引いてもらい座るとテーブルから離れてしまいがちですが、座ってから椅子を引き寄せるのは不慣れな印象となり、上品ではありません。

テーブルぎりぎりに立ち、脚に椅子が触れたらゆっくり腰を下ろします。これで、テーブルから握りこぶし2つ分あいた、美しい位置に座れます。

椅子が脚に
触れたら、ゆっくり
腰を落とす
テーブル
ぎりぎりに立つ

料理を待つあいだ

テーブルはお皿と同じ 私物は置かず手にも気を配って

ハンドバッグは腰の後ろか、あいていたら隣の椅子の上に置きます。底に鋲がついたバッグなら、足元に置いてもかまいません。なおサービスの邪魔になるので、椅子の背もたれにバッグをかけるのはNG。また、テーブルの上には携帯電話などよけいなものは置かないようにします。

料理を待つときも、あなたの所作は見られています。頬づえや腕組みはもちろんですが、手を膝の上に置いてお行儀よく待つのも、じつはマナー違反。手はテーブルの上で軽く組むと、余裕がありエレガントに見えます。

手はテーブルの上に出す

テーブルにはよけいなものを置かない

Q&A こんなときは？

スタッフを呼ぶときはどうするの？

レストランでカトラリーやナプキンなどを落としたときに、身をかがめて拾っている姿は美しくなく、周囲のお客様の目にも心地よく映りません。この場合はかならずスタッフを呼び、新しいものを用意してもらいましょう。

スタッフを呼ぶ際は、肩の高さ程度に手を挙げ、軽く目配せして合図を。テーブル担当のスタッフがつねに気を配ってくれているので、手を高く挙げたり大きな声で呼んだりする必要はありません。それは格式あるお店にふさわしくありません。

控えめに手を挙げ目配せする程度に

ナプキンとカトラリーを使う

ナプキンは、お店側に様々なメッセージを送る役割もあります。使いかたを間違うと、誤った意味が伝わることも。正しい使いかたを覚え、上品に食事を楽しめる女性になりましょう。

ふたつ折りにし、折り目を手前にして膝にかける

ナプキンは主賓が広げてから手にとる

背筋を伸ばしたままナプキンを口元に近づける

ナプキンの内側を使って口元を押さえる

〈中座するとき〉

軽くたたんで椅子の上に置く

〈退出するとき〉

ナプキンは綺麗にたたまない

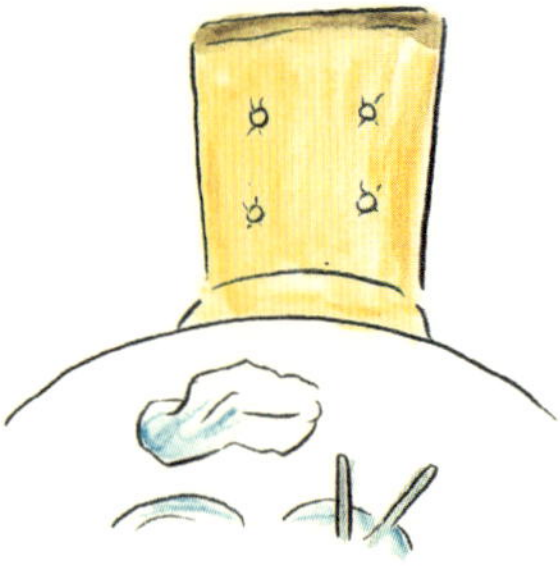

ナプキンの使いかた

使いかたと意味を知り遠慮せずに堂々と使う

ナプキンは、アペリティフ（食前酒）と料理のオーダー後、主賓が広げたらほかの人も続いて手にとります。折り目を手前にして膝の上に置き、その内側で拭けば使用した部分が隠れ、服も汚れません。ナプキンを使う際、頭を下げてコソコソと拭うのは美しくありません。姿勢を正したまま、ナプキンを口元まで持ち上げて拭いましょう。

また、遠慮して自分のハンカチやティッシュを使うと、「このお店のナプキンは汚くて使えない」という意味になってしまいます。ナプキンは遠慮なく使いましょう。

中座するときは、ナプキンは軽くたたんで椅子の上に、退出するときはたたまずにテーブルの上に置きます。きちんとたたむと、「おいしくなかった」というメッセージになってしまいます。

カトラリーの使いかた

ナイフは引くときに切り置くときは刃を内側に

洋食ではお皿を持ち上げたり、位置を変えたりするのはマナー違反。グラスも毎回同じ位置に戻します。

ナイフは押しつけて切らないように。人差し指の力を抜き、スッと引いて切ると上品です。置くときは、刃を内側に向けます。ヨーロッパではナイフの刃を外側に向けるのは、何よりも失礼なマナー違反とされます。残念なことによく目にするので、ご注意ください。

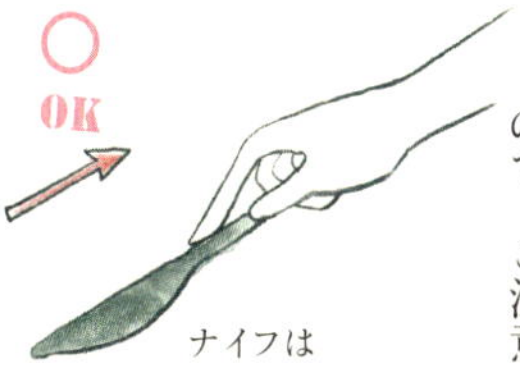

ナイフは
引いて切ると上品

刃は外側に向けない

世界一美しい洋食の食べかた

格式あるレストランでは、普段何げなく行っている所作も「これって正しいのかな?」と悩んでしまうものです。どんなときでも堂々とふるまえるよう、上品な食べかたを確認しておきましょう。

魚料理では、フィッシュスプーンを使いこなす

フラットなスプーンの形をしたカトラリーがフィッシュスプーン。ナイフとして魚を切ったり、スプーンとしてソースをすくったりできます。通常のスプーンを持つのと同様に利き手で持ち、料理を食べるのに使ってもOKです。

フィンガーボウルは、手を使ってよい合図です

骨つき肉や殻つきロブスターなどの料理でフィンガーボウルが用意されていたら、それは手で持ってもよいという合図。料理を手で押さえて切り分けるなどしたときは、フィンガーボウルに片手ずつ入れて軽く指先を洗い、ナプキンで水気を拭いてからスプーンやフォークでいただきます。

パンはちぎって、かならず一口で食べる

数種類のパンを抱えたギャルソンからパンの説明を受けたら、好みのものをひとつかふたつ選びます。バターは必要な分だけバターナイフでとり、パン皿の端へ。小さくにちぎったパンに適量つけ、かならずひと口でいただきます。

テーブルクロスにパンくずが散っても、自分で払ったりはせずにそのままに。サービス担当があとから綺麗にしてくれます。

ワイングラスの持ちかたは、日本と海外で異なります

シャンパンやワインなどのステム（脚）つきグラスは、日本ではステム部分を持つ方が多く、海外ではボウル部分を持つのが主流です。周りに合わせてふるまうのが素敵な大人のマナーといえるでしょう。格式あるレストランのワイングラスは薄くて繊細。乾杯の際はグラスを合わせずに、アイコンタクトで乾杯を。

会計のしかた

食事のマナーが完璧でも、会計がスマートでないと印象は一気にダウン。ごちそうになったときや割り勘にする際も、大人の会計マナーを心がけて。

会計をするとき

テーブル会計にし現金の受け渡しはお店の外で

食事の席で小銭の音をさせるのは上品とはいえず、周囲のお客様にとっても耳障りなものです。参加者で割り勘にするときはテーブル会計にし、ひとりがカードでまとめて支払い、現金の受け渡しは退店後に行うのが最もスマートです。

その際は10円単位までキッチリ割るのではなく、大よその額で済ませる余裕をもちたいですね。自分が目上の立場ならなおさらです。

食事の席では現金は出さず、やりとりはお店を出てからに
×NG

カードでのテーブル会計が最もスマート

ごちそうになるとき

遠慮しすぎずに相手を立てるのが大人の女性

男性との食事の際、会計のしかたには迷うものです。会計時、まずはお支払いする意思を伝えましょう。男性にごちそうになる際は、遠慮しすぎたり謙虚になりすぎるのも失礼にあたります。「おいしかったです。ごちそうさまでした」と、感謝の言葉をしっかりと伝えましょう。

相手が会計を済ませているあいだは、支払っているところが見えない位置で待つのが、相手への気遣いになります。

また、上司など目上の方との食事で、ごちそうになることが予想できるときは、食後に化粧室などへ席を立つと、相手はそのあいだに会計を済ませられます。相手がスムーズにごちそうできるようにふるまうことで、相手を立てられるのも、大人の女性といえますね。

世界一美しいふるまいかた

お礼の表しかたに品が宿る

せっかく相手がごちそうしてくれたのに、ごちそうされて当然という態度はあなたの評価を下げます。

「2軒目は私が」「今度ランチをごちそうさせてくださいね」など、お返しの意思を伝えるのも社交マナーです。

次にお会いするときに「先日はごちそうさまでした」とちょっとしたギフトなどを贈ってもよいですね。目上の方でしたら、お礼の手紙を送るのも素敵です。

食後に席を立つのも
レディの気遣い

和食店で食事をする

ナイフやフォークの扱いには慣れていても、和室でのふるまいや箸使いに自信のない方も多いのでは？　和室で美しくふるまえる方は、それだけでワンランク上の特別な女性に見えます。

和食店での装い

四季折々の繊細な料理を邪魔しない装いで

旬の料理を繊細な香りやしつらえとともに楽しむのが和食の醍醐味です。お店のたたずまいに合うよう、華美な装いやメイクは避け、香りも控えるのがわきまえた女性です。強めの香水をつけている日に和食に誘われても、遠慮するくらいの分別があってもよいでしょう。

座敷の場合も想定し、タイトなスカートやパンツは避け、素足ではなくストッキングの着用を。

また、格式高いお店では高価な器を傷つけないよう、大きな指輪やブレスレットは外しておくのがマナーです。

華美なメイクや
香水は控える
正座しづらい
タイトなスカートや
パンツは避ける
懐紙を持参すると
品よくいただける
NG
大きな指輪や
ブレスレットは外す

店内にあがるとき

靴は正面を向いて脱ぎ あとはお任せする

下足番のいるお店なら、靴は正面を向いたまま脱ぎ、脱いだ靴の片づけはお任せします。自分で下駄箱にしまおうとすると「慣れていないお客様」という印象に。また、事前に座敷とわかっている場合は、ブーツなどの脱ぎ履きに時間がかかる靴は避けましょう。

部屋の中では、家庭の和室同様、畳のへりや座布団を踏まないように気をつけて。

靴は正面向きで
脱ぎ、そのままに
「お願いします」
などのひと言を

Q&A こんなときは？

寿司店ならではの注意点はある？

割烹や寿司店の多くはカウンター席になっています。落ち着いた奥の席や化粧室から遠い席など、お店により上座の認識は様々。また、大将の正面は常連さんの席と決まっていることもあるので、初めてのお店では案内された席に座りましょう。

席についたら、お店の「顔」でもあるカウンターには、バッグや携帯電話などは置かないように注意を。

お寿司は握ったらすぐにいただくのがマナー。おしゃべりや写真撮影に夢中になって、なかなか手をつけないのはとても失礼です。

また、時価の値段を尋ねるのは野暮といわれています。心配なら予約時に予算を伝えておきましょう。

時価の店では、
予約時に予算を
伝えておくと安心

器・箸の正しい使いかた

箸使いに自信がない方は少なくないでしょう。あらたまった席でも品よくふるまえるよう、日ごろから箸使いや器の扱いかたを意識しておきましょう。

食器の扱いかた

小皿の料理は持って食べ、手皿はNG

和食では、小皿や醤油皿などの片手で持てるお皿や小鉢は、持っていただくのが基本。とり上げる際は、脇を締めて指をそろえ、両手で丁寧に扱うと、上品に映ります。お箸を持っていないほうの手を休ませていたり、手皿をしたりする所作はマナー違反です。大皿から料理をとるときは、懐紙を小皿代わりに使うのもよいでしょう。

また、食事中は手が料理の上を横切ることがないように。これは「袖越し」と呼ばれ、和食におけるマナー違反となります。

小皿や小鉢は
持っていただく

手皿はNG

腕が料理の上を
横切らないように

こんなときは？

大皿からお料理をとるときは、
懐紙を小皿代わりに

箸の扱いかた

箸は両手で扱い 割り箸は扇を開くように割る

お箸も両手で扱うのが美しい所作です。まず右手でお箸をとり上げ、左手で下から支えながら、右手を右端に滑らせて下側へ持ち替えます。ひとつひとつの動作をゆっくり丁寧に行うと、余裕のある優雅なふるまいになります。

割り箸は、横にして扇を広げるように割ると、力を入れずに小さな所作で優雅に割れます。

箸袋を折って箸置きにするのは不衛生なので、置き場所が必要なら折った箸袋に戻すとよいでしょう。

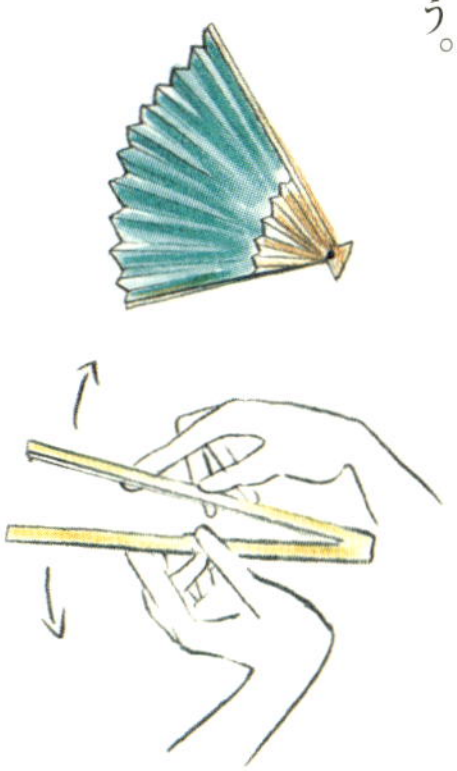

割り箸は扇を広げるように割る

世界一美しいふるまいかた

お椀を持っているときも箸は両手で扱う

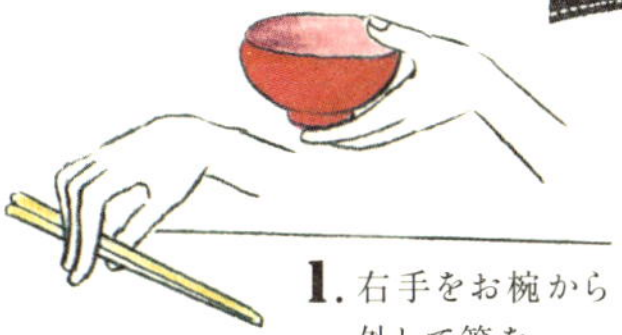

1. 右手をお椀から外して箸をとり上げる

2. お椀を持つ左手の薬指や中指で箸をはさんで固定する

3. 右手の位置を下側に持ち替える

お椀や小鉢を持っているときも、お箸は片手で扱うのではなく、両手で丁寧に扱います。

まずお椀を両手で持ち上げたら、右手を外してお箸をとり上げます。そして、お椀を持っている左手の薬指や中指でお箸をはさんで固定し、右手を持ち替えましょう。

このように、お椀や小鉢を持っているときも、箸は両手で余裕をもって扱いましょう。

世界一美しい和食の食べかた

和食料理店では、和室のふるまいに気を遣うのはもちろんですが、さらに大事なのが食べかたです。箸使いや日本独特のマナーなど、和食の正しく美しい食べかたを確認しておきましょう。

お吸い物は、貝の扱いに気をつけて

ひと口目は汁だけ、ふた口目は具だけというふうに、汁と具は別々にいただきます。しじみ貝は身がとり外しにくいので、汁だけ飲めばよいでしょう。あさりやはまぐりは、左手で貝を押さえて食べてもかまいません。ただし、食べたあとの殻をふたや別の場所に置くのはNG。沈めたままにしておきます。

焼き魚は、懐紙があると美しくいただけます

魚はひっくり返さないのが鉄則。左から右に食べ進め、上身を食べたら中骨を外して皿の奥側に置き、下身をいただきます。骨や尾は隅にまとめ、持参した懐紙をかぶせておくと上品です。

お造りや天ぷらは、薄味から濃い味への順で食べます

お造りは淡白な味から濃い味のものへ、という順でいただきます。わさびは醤油に溶かすと風味が落ち、見映えも悪くなるので、刺身に直接のせます。

天ぷらは、盛りつけを崩さないよう手前から奥へ、お造り同様に味の淡白なものから濃いものへ、という順でいただきます。盛られた塩は、直接つけると味にムラが出るので、指先でパラパラと振りかけて召し上がって。エビなどの大きなものは、噛み切ってもかまいませんが、かじりかけはお皿に戻さず、そのまま食べきりましょう。

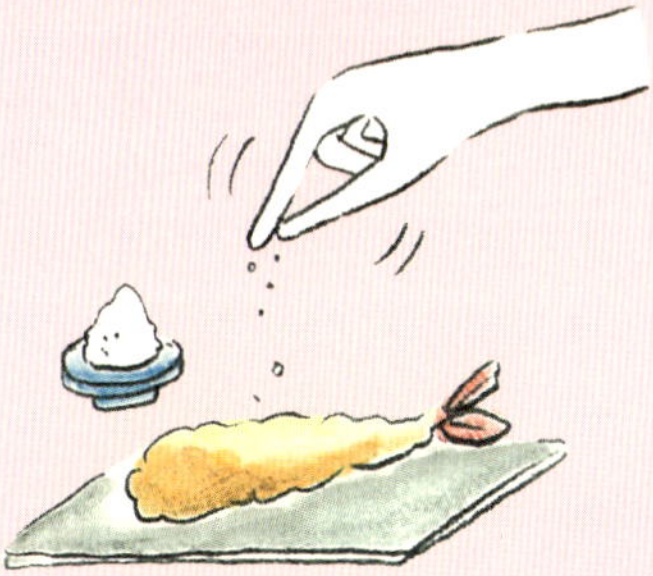

お吸い物のふたは、元の通りに戻します

お吸い物をいただくときは、左手でお椀を押さえ右手でふたを持ち、手前側から開けます。ふたをお椀の縁に沿わせて開けていくと、流れも美しく、ふたについたしずくもお椀の中に落とせます。

また、食べ終わるとふたをひっくり返して戻す方がいますが、高価な塗り物を傷つける恐れがあります。出されたときの状態に戻すのが正しい作法です。

飲み会・バーで美しくふるまう

飲み会のようなカジュアルな場では、ふるまいへの意識も薄くなりがち。また、バーなどの少し敷居が高いと感じる場面では、品のあるふるまいがあなたを一層引き立ててくれます。

飲み会でのふるまい

カジュアルな場でもさりげなく気を利かせる

カジュアルな飲食店でも、お店の方を呼んだり、お箸や小皿、おしぼりを配ったりなど、大人の女性としての細やかな気配りを。ものを渡したり置いたりする際も、両手で、もしくは片手を軽く添えて行うだけで上品なふるまいになります。

また、料理から遠い席の方には、お皿を回したり大皿の料理からとり分けたりするのも、やはり大切な気配りですね。ただし、とり分ける際はとり箸を使います。「逆さ箸」をする方もいますが、手で持つ部分が料理に触れるため不衛生ですし、その後の見映えも悪くなります。

箸や小皿、
おしぼりを渡す
ときは両手で
逆さ箸は不衛生なので、
とり箸を頼みましょう

バーでのふるまい

バーは大人の社交場　早めにサッと切り上げるのが粋

寿司店や割烹などと同様に、やや敷居が高いイメージのあるバー。しかし大人の女性のたしなみとして、美しいふるまいかたを押さえておきたいものです。

常連さんの席が決まっている場合もあるので、初めて訪れたお店なら案内された席へ。カウンターにはたばこ以外のものは置かないのがマナーといわれているので、携帯電話やバッグなどを置かないように。

また、バーで見かける「スツール」という椅子は、比較的短時間の着席に使われるものです。そのため、バーではあまり長居せず、サッと飲んで切り上げるのが粋です。

世界一美しいふるまいかた

スツールでもエレガントに座る

脚を組んだり
足首をクロスさせると
大人の印象に

バーにある脚の長い椅子は、「スツール」や「バーチェア」「カウンターチェア」などと呼ばれています。

このタイプの椅子は座面が高いため、座ると脚が地面に届かず、美しく座るのが難しいと思われるようです。ステップにお行儀よく両足をのせているのも、どこか幼い印象に映ります。

スツールに座る際は、ステップに片足をのせ、脚を組んだり、足首のあたりで軽くクロスさせたりすると、余裕ある大人の印象になります。ぜひ試してみてください。

世界一美しい お酒のいただきかた

お酒の席といえども、品格を忘れないのが大人の女性です。とくに、飲んだり注いだりする機会の多いビールと、特別な作法が存在するワインの飲みかたは、しっかりと押さえておきたいものです。

ビールは、つぎ足してよいか確認を

ビールをつぐときは、ビール瓶の正面であるラベルを上にして右手で持ち、左手で瓶の下を軽く支えて注ぎます。支えるほうの手の指をそろえると、より品よく映ります。ただし、つぎ足しを嫌う方もいるので、「おつぎしてよろしいですか?」とひと言聞いてからにしましょう。

ビールを逆手で注ぐのは、品よく見えない

飲み会の席などで右側の方にビールをつぐとき、右手に瓶を持ち、手首を返して注いでいる方をお見かけすることがあります。一見、手慣れているようにも見えますが、あまり品よくは映りませんので、ご注意を。隣の方につぐときも、身体ごと相手のほうを向き、丁寧に注ぎましょう。

ワインをついでもらうときは、グラスに触れない

カジュアルなレストラン以外では、ワインは自分ではつがないのがマナー。グラスは持ち上げずにテーブルに置いたままにし、触れてもいけません。カジュアルな場で自分でワインをつぐ際は、ビールと同様にラベルのある正面が上になるように支えてつぎます。

ワインのおかわりを断るときは、グラスにそっと手を

サービスの方がワインをついでくれるレストランでは、お客様がつぐのはマナー違反。もう充分いただいたというときは、ついでもらうときにグラスのふちにそっと手をかざすと、それが「もう結構です」の合図になります。

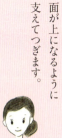

パーティでのふるまいかた

結婚式の2次会やイベントなどでもおなじみのビュッフェパーティ。カジュアルな場ですが、じつはここにもマナーがあります。参加者の目をひく上品なふるまいを身につけましょう。

立食スタイルのとき

料理はコースの順にとり
皿は料理をとる度に変える

料理を自由にとれるビュッフェスタイルでも、いきなりメインディッシュやデザートに向かうのははしたないですね。料理はコース料理の順にとっていくのがルールです。

お皿に盛る際も、のせすぎては品よく見えません。3～4品を目安に、あえてお皿に余白を残して盛りつけると上品に映ります。

また、冷たい料理と温かい料理は同じお皿に盛らないように。使い終わったお皿はテーブルに置いたままでかまいませんので、次の料理は新しいお皿でとりましょう。

温かい料理と冷たい料理は
別の皿に盛る
料理はコースの
順でとる
皿にはあえて
余白をつくる

こんなときは?
次の料理をとりに行くときは、新しい皿を使う

片手でグラスと皿を持てると便利でスマート

近くにテーブルがないときや、グラスとお皿を持って移動する際、片手で両方を持てるとスマートです。

お皿の端にグラスをのせ、親指と人差し指でグラスをはさむように押さえ、残りの指でお皿を支えます。フォークやスプーンは、お皿の下で指のあいだにはさむと安定します。

また、食事のテーブルの上にバッグを置くのはマナー違反。女性は離すことのないように。

親指と人差し指でグラスを支える

バッグは肩に下げられるものが便利

パーティのNGは黙る・座る・食べるだけ

パーティは多くの方と出会い、会話をする社交の場。食べてばかりや、いっしょにきた方とだけ話しているようでは、大人の女性として失格ですし、主催者にも失礼です。

主催者や招待いただいた方へのご挨拶はもちろんですが、初対面の方ともぜひ交流を。料理や飲み物は会話のきっかけを与えてくれるものにすぎません。「○○さんのお知り合いですか？」「こちらにはどのようにいらっしゃいましたか？」など、共通の話題を見つけて話しかけてみましょう。

× NG

会場の椅子には長時間座らない

Column

国や相手で『マナー』を変えるのが真のマナー

本書では、基本のマナーにもとづいた美しいふるまいを紹介していますが、国や地域によってはそれがマナー違反となることもあります。相手に不快な思いをさせないよう、事前のリサーチも大切です。

たとえば握手。日本では一般的に、両手での握手が丁寧という認識ですが、海外では両手の握手を嫌う方も少なくありません。親密度をアピールする際は、男性なら右手で握手をし、左手で相手の肩や腕を軽く叩く、というのが一般的。目上の方に両手で握手をするのも驚かれることがあります。また、男性から女性に握手を求めるのもマナー違反となりますのでご注意を。

同様に紅茶をいただく際も、日本茶とは異なり、両手でカップを持つのは失礼にあたります。

相手の方が心地よい形に、自分の行動を柔軟に変化させられることが真の『マナー』だと私は考えます。

Chapter

5

お出かけのふるまい

エスコートの受けかた

女性をさりげなくエスコートできる男性は素敵に見えますね。でも、女性がおどおどしたり遠慮しすぎたりすると、せっかくのエスコートも台無しになってしまいます。

エスコートを受けたとき

男性のエスコートは堂々と受け、品よくお礼を

グローバルマナーでは、男性が車道側を歩いたり、ドアを開けて女性を先に通したりと、レディファーストの精神が基本。しかし、謙虚な女性が美しいとされてきた日本の文化では、エスコートを受けても遠慮したり譲り合ったりしてしまう方も多いようです。これではエスコートしてくださった男性にも失礼ですし、周りから見ても不格好で、男性に恥をかかせることにも。

エレベーターやドアなど、女性がエスコートを受けるべき場面では堂々とふるまい、アイコンタクトや会釈でお礼をしましょう。

遠慮して譲り合うのは
スマートではない

アイコンタクトや
会釈でお礼を

腕を組むときは手を軽くのせるだけに

男性と腕を組む際も、指先が綺麗に見えるように意識しましょう。男性の腕に自分の腕を通して組むのではなく、相手の腕に軽く手をのせるようにします。

そうすることで、男性から素敵にエスコートを受けているように映り、指先も美しく見えます。一生の思い出となるウエディングのシーンでも、心がけてくださいね。

手首まで入れず、指先をのせるだけに

世界一美しいふるまいかた

男性がエスコートしやすいようにふるまえるのが大人の女性

エスコートしやすいようさりげなくドアノブ側へ

エスコートをすべて男性任せにしていては、大人の女性とはいえません。たとえばドアを開けてもらうとき。男性の後ろでただ待っているのではなく、女性がさりげなくドアノブ側に近づくと、男性はスムーズにエスコートできます。

また、エスカレーターや階段では、足を踏み外しても受け止められるように、男性が下側になります。階段が近づいたときも、さりげなく立ち位置を変えてみましょう。

家族で出かけるときのふるまい

女性は結婚により、ご主人の仕事関係の方など気遣いが必要な相手が増えます。とくに義理のご両親からの印象は気になるもの。気が利く女性になれるポイントを押さえておきましょう。

夫の両親と出かける

気遣いの心と相手の気持ちを聞く余裕を

ご主人とふたりのときはエスコートを受ける側でも、ご主人のご両親といっしょに出かけるときは、あなたがエスコートする側にまわります。食事の際に上座をすすめる、椅子を引く、ドアを開けるなどの気遣いを。

ただし、座席などは好みが分かれるところです。よかれと思って奥の上座をすすめたのに、出入りがしづらく裏目に出るということも。はじめのうちは、「どちらがよろしいですか?」と、好むほうを尋ねるとよいでしょう。次からはそれをふまえてしぜんとエスコートできれば完璧ですね。

義理の両親と出かけるときは、エスコート側にまわる

ドアを開け先にお通しする

上座をおすすめする

お子さんと出かける

周囲にひと声かけておくと好意的に見てくれる

お子さんが幼いうちの外出では、周りの方にご迷惑をかけることも。そんなときは、周りの方に先にひと声かけておくと、何かあっても好意的に見てくれるでしょう。

たとえば電車なら、隣の席の方に「すみません、ご迷惑をかけるかもしれませんが……」と、席に着いたときにひと言伝えておきます。それだけで、あなたとお子さんに対する印象は大きく変わるはずです。

泣いたり大きな声を出したりしてしまったときはお子さんに注意するだけでなく、周囲の方にも表情や会釈などでお詫びの気持ちを伝えましょう。

Q&A こんなときは？

レストランで気をつけることは？

事前に子連れでの入店の可否や年齢制限を確認したうえで、ほかのお客様の目につきにくい奥の席か、個室をお願いするとよいでしょう。

音の出ないおもちゃやぬり絵を持参するなど、お子さんが退屈しないよう準備をして出かけるのもマナーです。

ベビーカーにもマナーはある？

電車内ではたたまなくてもよくなりましたが、乗り降りの際はひと声かけるなど、周りの方には配慮したいものです。

外出先で味方になって助けてくれる方をつくるには、やはり母親の行動が重要です。「助けてあげたい」と思ってもらえるマナーを心がけたいものですね。

絵本や音の出ないおもちゃを持参して

ショッピングでのふるまい

カジュアルなお店であっても、丁寧なコミュニケーションをとる、商品を大切に扱うなどの意識を。大人のふるまいでショッピングできれば、今までよりも快適に、上質な接客を受けられるでしょう。

お店でのふるまいかた

ふるまい美人なら上質な接客を受けられる

お客様の立場であっても、節度あるふるまいが大切です。ジュエリーなど高価な商品を扱うお店やブティックでは、商品を傷つけないよう、触れる際はひと言声をかけましょう。店員が手袋をして商品を扱うようなお店ではとくに注意を。

フィッティングルームを利用する際は、靴をそろえる気遣いも必要です。前を向いて脱いだままでは見映えが悪く、品も感じられませんね。

また、試着した服のボタンは簡単にとめ、ファスナーは閉めてから返却すれば、素敵な女性の印象になります。

商品に触れるときは
ひと言声をかける
試着した服は
ある程度ボタンを
とめて返す
脱いだ靴はそろえる

店員との会話のしかた

堂々としつつも節度のある会話を

店員の方に選んでもらった商品が好みに合わなかったときは、「ありがとうございました。でも少しイメージとは違ったみたいです」と、お礼と理由をお伝えして。よい買い物ができたときは、しっかり感謝を伝えるのも忘れずに。

素敵なお客様には上質な接客をしたくなるものです。好みの商品の情報やセールのお知らせなど、優先的にいただけるかもしれませんね。

また、ひとりでゆっくり見たいからと、店員の方を邪険に扱う姿は美しくありません。「今日は見せていただいているだけなのですが」「何かあったら声をおかけしますね」と伝えれば、店員も察してくれるはずです。

美しさの真髄

海外のブランド店はお客を選ぶ目もきびしい!?

ハイブランドのお店では品のあるふるまいを

欧米などのハイブランドなブティックは、紳士淑女が訪れる場所という認識が必要です。

以前、私の知人がミラノの有名ブランドのブティックに訪れたときのことです。数々の素敵な商品に喜び騒いでいると、素敵な男性スタッフに手招きをされ、「まあ、何かしら?」とついていくと、裏口のドアを開け丁寧に外に誘導されたそうです。

欧米では、お客様がそのお店にふさわしいかどうかをチェックするのもスタッフの仕事。ぜひ、あなたは選ばれるお客様になってくださいね。

世界一美しい

鑑賞のしかた

舞台や歌舞伎、オペラ、コンサートなどの鑑賞は、敷居が高く、マナーに自信がないからと避けている方も多いようです。臆することなく楽しめるよう、正しいマナーを押さえましょう。

意外と見落としがちな音と香りに要注意

鑑賞中は携帯電話の電源を切ることはもちろんですが、ビニール袋の音にも要注意。静まりかえった劇場では、カサカサという音は耳障りです。解説のイヤホンの音漏れも、隣の席の人には意外と聞こえるので気をつけましょう。また、香水やお香の染みた扇子の香りや、お弁当などの匂いにも注意を払いましょう。

鑑賞の装いは後ろの方にも気を配って

歌舞伎のような伝統芸能なら、着物で楽しむこともおすすめです。ただし、大きな帯で背中を浮かせてしまうと、後ろの方が見えにくくなるため、帯は平たく結び、背もたれに背をつけて観賞するのが最低限のマナーです。

また、高さのある髪型も後ろの方の迷惑になります。

初心者のうちは拍手はあと追いで

著名な役者の見せ場など、観劇中は、観客が称賛の意味を込めて一斉に拍手をすることも。ただし、なかには拍手のタイミングに決まりがあるものや、残響や余韻を楽しむコンサートなどもあります。慣れるまでは、常連の方の拍手を待ち、あとに続けば安心ですね。

開演に遅れたときは、勝手に入らない

演出の都合上、上演中の観客の出入りを禁止している舞台もあります。開演後に到着したときは、係員の指示に従い、幕間のタイミングのよいところで着席しましょう。開演時間に間に合うのはもちろんですが、自分の座席が列の中央寄りの場合は、周囲への気遣いとして早めに着席しておくのが大人の女性ですね。

旅館に宿泊する

老舗の旅館やランクの高い宿では、宿泊者自身もその宿の格式にふさわしくありたいものです。日本人として、日本旅館にふさわしい上品なふるまいかたを確認しておきましょう。

予約・チェックイン

電話での丁寧な予約が「上客」を予感させる

多くの旅館はインターネット予約ができますが、直接電話で予約をすれば、丁寧な印象を与えられ、その場で様々な希望の相談もできます。

予約の際は、部屋への要望やアレルギーの有無も伝えます。また、「子供がいるので、少し騒がしくなるかもしれないのですが」「高齢の者がおりますので……」なども伝えておくと、最適な部屋を用意してもらえることがあります。

当日不満を感じることのないよう、前もって要望を伝えておくのは、旅館側にとってもありがたいことです。なんなりと相談してみましょう。

アレルギーの有無や必要なら同行者の年齢なども伝える

要望を伝えるならネット予約より電話がおすすめ

こんなときは?
食事の準備もあるので、遅れる際はかならず連絡を

宿泊中の過ごしかた

和のしきたりを押さえ
上質なサービスには感謝の気持ちを

和室はとてもデリケートなもの。床の間に荷物を置くのは御法度です。畳を傷つけないように、キャスターつきのバッグは横にするか、クローゼットに置きましょう。

和室では和のしきたりにのっとって、上座である床の間の前には男性が座ります。夕食時、仲居さんが来る前にはある程度の身支度を。浴衣は寝間着なので、部屋を出るときは丹前をはおりましょう。

朝は布団をたたむ必要はありませんが、軽く整えておく気遣いを。タオルは洗面所やバスルームにまとめ、部屋には置かないように。

満足する滞在ができたときは、「おかげさまでくつろげました」「紅葉の時期にまた伺いますね」など、ぜひ感謝の言葉をお伝えしたいですね。

世界一美しいふるまいかた

心づけで感謝の気持ちを表す

金額は気持ちで。目安としては宿泊料の10％ほど

部屋に通されたあとか、帰り際に渡す

ぽち袋や懐紙に包む

日本の宿泊料にはサービス料も含まれているので、本来なら心づけは不要です。ただし高齢者やお子さんがいてとくにお世話になるようなときや、要望が多い際は、「気持ち」として心づけを包んでも。

お部屋に案内されたあと、仲居さんがあらためて挨拶にきたときに「お世話になります」と渡すのが一般的です。

また、よいサービスを受けたことへの感謝の気持ちとして、帰り際に渡すのも粋で素敵です。

心づけは、かならずぽち袋や懐紙などに包んで渡しましょう。

ホテルに宿泊する

格式のあるホテルでは、宿泊客の印象はとても大事です。上質なサービスを受けられるよう、あなたも上質な宿泊客を目指しましょう。

予約・チェックイン

チェックインは上客にふさわしい装いで

一般的にホテルでは、利用客の要望に応えることを重視しています。客室のタイプや広さ、景色など、要望は遠慮せず丁寧に堂々と伝えましょう。ただし、要望を叶えてもらうには、「このお客様のためなら……」と思ってもらえるような信頼を得られる装いやふるまいが大切です。

とくに、あなたの第一印象を決めるチェックインには気を配って。上質なジャケット、腕時計、ジュエリー、靴を身につけ、上品なふるまいや話しかたを。「上客」として認識されれば、きっと上質なサービスを受けられるでしょう。

チェックインでは
品のあるふるまいを
フロント

チェックインはジャケットがあると安心

要望は遠慮せず丁寧に伝える

宿泊中の過ごしかた

上質な宿泊客になり コンシェルジュを活用する

ホテルでは、部屋を一歩出たらそこはパブリックな空間。わずかな距離であっても、スリッパやバスローブで出るのはNGです。食べ終えたルームサービスの食器類も、廊下には出さず、係の方に部屋までとりにきてもらいます。

また、ホテルにはゲストの要望に応えてくれるコンシェルジュがいることも。近隣のお店の紹介や予約、チケットの購入など、様々な相談ができます。コンシェルジュを通すと、ホテルのステイタスや信用により、予約困難なお店の予約がとれたり、よい席を用意してもらえたりすることも少なくありません。積極的に相談を。

もちろん、ここでも「大切なお客様」になるための第一印象が大切。上質なふるまいと装いを心がけましょう。

Q&A こんなときは?

海外でのチップの目安は?

チップの金額は
ホテルのランクや
サービス内容に合わせて

海外のホテルではチップを渡す機会が多く、タイミングや金額には悩むところ。ベッドメイクをしてもらったり荷物を運んでもらったりしたら、チップはその都度必要です。

金額は、レストランでは料金の15~20%ほどが目安ですが、お店やホテルのランクやサービス内容に合わせた金額を。

たとえば、予約の難しいオペラのチケットをコンシェルジュのつてで手配してもらったときなどは、100ドルのチップを支払うのも惜しくはないかもしれません。反対にサービスに不満を感じたときは、相場より少なく、もしくは渡さなくてもよいでしょう。

Column

世界のトップも行う
スマートなふるまいとは？

本書では、女性のための美しいふるまいを紹介していますが、ビジネスでもプライベートでも、ふるまいで評価されるのは男性も同じ。私のスクールでも、多くのビジネスマンや企業のトップの方々が、名刺交換やプレゼン、接待のマナーなどを学んでいます。

ここで、男性がすぐにワンランクアップできるふるまいを紹介しておきましょう。それは、元アメリカ大統領バラク・オバマ氏のふるまいです。オバマ氏は椅子に座る際、スーツ着こなしのマナーとして片手で上着のボタンをサッと外し、立ち上がる際にまた留めています。各国首脳と会話しながらこの動作をしぜんに行う姿には、スマートで余裕溢れる印象を受けます。

男性の方もぜひ普段のふるまいを見直し、品格の漂う一流の男性を目指してみてはいかがでしょうか。

Chapter

6

冠婚葬祭のふるまい

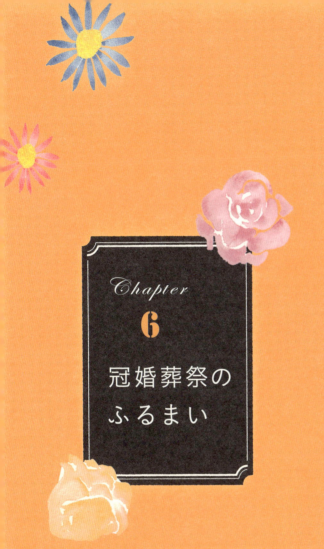

結婚式に出席する

主役は花嫁ですが、「素敵なご友人をお持ちね」と思われるよう、出席者も品と華やかさを心がけたいもの。あなたがいることで会場の雰囲気が高まるような装いとふるまいをしましょう。

装いと持ち物の注意

主役の花嫁より目立たない程度に会場が華やぐ装いを

結婚式に出席するときの装いで気をつけたいポイントは、「色」「生地」「時間帯」の3つ。

まず色は、花嫁の色である白やアイボリー、そして可能ならお色直しのドレスの色も避けます。黒は無難ですが、全身黒では喪服を連想させ、お祝いの気持ちを表現しづらいため、アクセサリーなどで華やかさを演出しましょう。

生地は、光沢のあるシルクやレース使いなどがおすすめです。ニットやコットン、麻は普段使いのイメージとなるので避けましょう。

女性の第一礼装である着物も素敵ですね。

昼間の披露宴
では露出は
腕を出す程度に
生地は
シルクやレースが
おすすめ
第一礼装の
着物もおすすめ
花嫁が
お色直しで
着る色も
避ける
こんなときは?
黒を着るときは、
アクセサリーで華やかさを

足元の装いと時間帯ごとの服装マナーにも注意

結婚式のようなフォーマルな場では、素足や網タイツ、オープントゥのサンダルなどはカジュアルすぎるので避けましょう。

また、時間帯によってドレスコードは変わります。披露宴が昼間なら肌の露出は控え、ロングスカートも避けましょう。18時以降の披露宴であれば、ロングドレスや肌を出した装いもOKです。ただし挙式に列席する際は、時間に関係なく肌を見せるのはNG。厳粛な式にふさわしい品ある装いを心得て。

夕方以降なら
ロングドレスや
肌見せもOK

素足や網タイツ、
サンダルはNG

世界一美しいふるまいかた

招待状の返信で格別の祝意を

招待状の返信用はがきでは「御」や「芳」を二重線で消すのは基本ですが、「寿」の字を使うと、さらにお祝いの気持ちが伝わります。

また、出欠にかかわらずお祝いのひと言を添えるのを忘れずに。その際は、「喜びごとに終わりがないように」と、文末に「。」「、」をつけないのがマナーです。

欠席する場合は、詳しい理由は不要。「所用のため」や「たいへん残念ですが出張のため」などに。なお、「多忙につき」は失礼にあたるので気をつけて。

返信が遅れた際や、予定が変わったときなどは、なるべく早めに電話やメールでお詫びを伝えましょう。

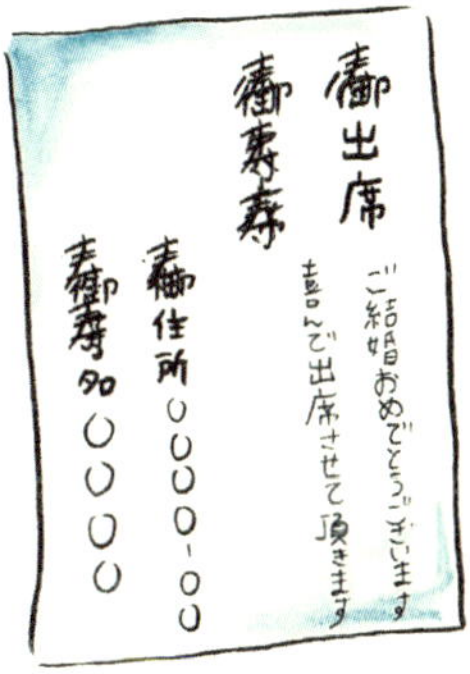

「御」「芳」を
「寿」で消し
より祝意を伝える

披露宴受付でのふるまいかた

披露宴でお祝いの気持ちを最初に表すのが、受付です。祝儀袋をバッグからそのままとり出すのではなく、ふくさを優雅に扱い、品のある所作で祝意を演出しましょう。

受付のしかた

ふくさを一度たたみ直してから余裕をもって渡す

受付は両家の列席者が集まる場でもあるため、上品で優雅なふるまいを心がけたいもの。

招待された側の受付に並び、順番がきたら、祝儀袋をふくさからとり出します。手渡すときはまずふくさを軽くたたみ、祝儀袋を相手側に向けてから渡します。動作に余裕をもって優雅に行うことで、お祝いの気持ちを伝えます。

ただし受付が混んでいる場合は、順番がくる前に祝儀袋を出して準備しておくのも気遣いです。慌ただしくならないよう、受付は披露宴開始の15分ほど前までには済ませたいですね。

1. 順番がきたら祝儀袋をとり出す

2. ふくさをたたんでから祝儀袋を相手に向ける

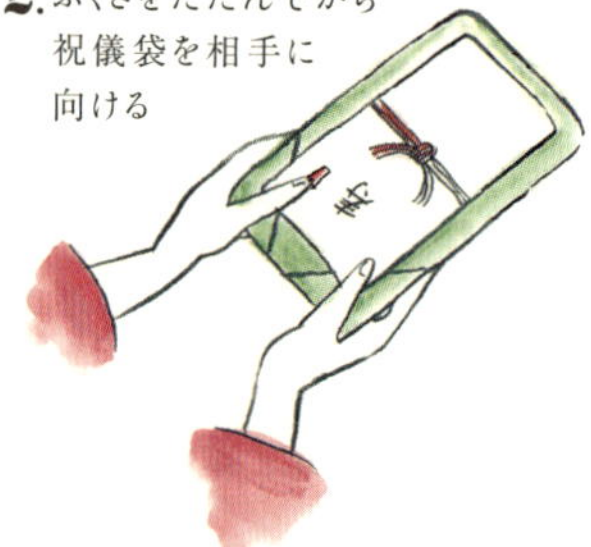

3. 両手で手渡す

ひとつひとつの動作を流れるように行う

こんなときは?

混んでいるときは事前に祝儀袋の準備を

ふくさの包みかた

慶事と弔辞で色とたたみかたが異なる

ふくさには様々な色のものがありますが、紫色が最も格式が高いといわれています。紫色は結婚式やお葬式など、慶弔どちらのシーンでも使えるので、ひとつ用意しておくとよいでしょう。

また、慶事と弔事で包みかたの手順や向きが逆になるのでご注意を。どうしても包みかたが不安なら、袋を差しこむだけでよい簡易ふくさを使ってもよいでしょう。

〈慶事〉

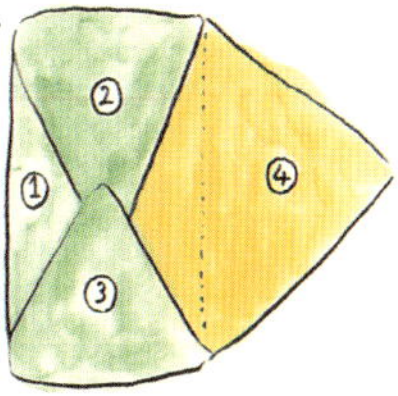

左、上、下、右の順にたたんで包む

〈弔事〉

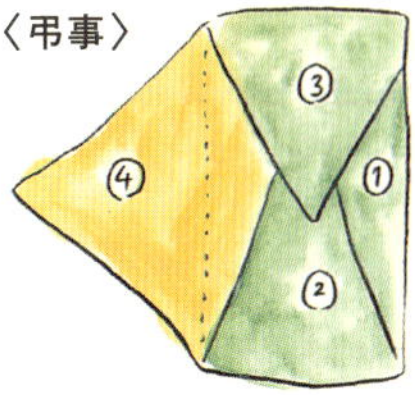

右、下、上、左の順にたたんで包む

Q&A こんなときは？

新札がないときは？

祝儀には新札を用意します。銀行で両替できますが、もし当日までに用意できなかったときは、披露宴会場のフロントに相談してみてもよいでしょう。

アイロンでシワをとるという手もありますが、大人の女性なら、5万円程度の新札は常備しておきたいものです。

祝儀袋の正しい書きかたは？

祝儀袋は、両家のご家族も目を通すということを想定して、丁寧に書きましょう。

中袋の表には「壱」「弐」「参」など、書きかえできない大字で金額を書きます。

裏には、新郎新婦が連絡をとりやすいように、氏名と現住所を忘れずに明記しましょう。

披露宴でのふるまいかた

「素敵な披露宴だった」と感じさせるのは、列席者の雰囲気によるところも大きいでしょう。列席するあなたも披露宴の演出の一部です。上品で美しいふるまいを心がけましょう。

会話の注意点

テーブルでは声をかけて和やかに

受付を済ませたら、披露宴が始まるまで待合室で待機します。待合室に新郎新婦のご家族がいらっしゃったら、お祝いの言葉とお招きいただいたお礼を伝えましょう。

披露宴では、初対面の方と同じテーブルになることも。新郎新婦の話や料理、会場の話題などで和やかに会話を。ただし、ビジネスの場ではないので名刺交換は遠慮しましょう。

披露宴会場では、給仕の妨げにならないよう、バッグは椅子と背中のあいだに置くように。

新郎新婦や会場、
料理などの
話題で会話を
バッグは椅子と
背中のあいだに
名刺交換は
遠慮して

ふるまいの注意点

遅刻や途中退席は場の雰囲気を壊さないように

乾杯ではグラスを合わせず、目の高さに上げるだけにします。また、すぐにナプキンを広げると、料理を食べにきた印象になるため、乾杯が終わり、料理が運ばれてくるころに膝にかけます。グラスやカトラリーの扱いかたは洋食のマナーと同じですので、ここでも意識してください。

また、つい料理の写真を撮ってしまう方もいますが、あくまで主役は新郎新婦。自身の記念ではなく、新郎新婦の記念の姿をたくさん撮ってあげましょう。

披露宴に遅刻したときは、余興の関係もあるため、入るタイミングは係の方に確認します。途中で退席するときは、同じテーブルの方だけに声をかけ、目立たないようにさっと失礼しましょう。

Q&A こんなときは？

2次会でのふるまいかたは？

一般的に2次会は気のおけない友人だけでお祝いするカジュアルな集まり。新たな出会いや人脈ができる場でもあります。いっしょにお祝いをする仲間として、初対面の方とも上手にコミュニケーションできるのが素敵な女性ですね。

時間が夜なら、多少肌を露出した装いもOK。ただし2次会も主役は花嫁なので、節度ある華やかさを心がけましょう。

昼間の披露宴から出席しているなら、2次会用に別のドレスを用意すると、TPOをわきまえた素敵な女性に映ります。

初対面の方とも会話し
新たな出会いや人脈を

葬儀に参列する

葬儀には決まりやマナーが多く存在します。悲しみの席では美しく際立つ必要はありません。正しいマナーにのっとることが、悲しみの場にふさわしいふるまいとなります。

服装の注意点

最近ではお通夜でも喪服で伺うのが一般的に

「喪服で伺うと亡くなるのを予期していたととられるので、通夜には平服で列席する」のがマナーとされていましたが、最近では亡くなった当日に通夜をすることが少なくなっていることもあり、喪服を着るほうが一般的となっています。

その際、メイクや髪型は控えめにし、ネイルもとります。簡単におとせないネイルの場合は、指先を隠すために黒い手袋をする気遣いも。アクセサリーも、許されるのは悲しみの涙を表す一連のパールのみ。結婚指輪以外は外しましょう。

○
OK
アクセサリーは
結婚指輪と一連のパール
ネックレス程度に
華やかな
ネイルはおとす
×
NG
メイクや
髪型は
控えめに
タイツではなく
ストッキング
が正装

こんなときは?
ネイルがおとせないときは黒の手袋を

持ち物の注意点

バッグや靴の留め具や縁取りにも注意して

足元は、素足やタイツ、ブーツはNG。透け感のある黒のストッキングに革の靴が正装です。また、冬場の葬儀でコートを着ていくなら、ファーを使用していないものが好ましいとされています。

服装には気をつけていても、見落としがちなのがバッグの留め具や靴の飾りなど。たとえ部分的でも、ゴールドやラメなどの光りものや爬虫類の革製品を使ったものは避けましょう。

雨の日なら、傘は黒やシックなもので。なければビニール傘でもよいでしょう。

ハンカチも白か黒のものを用意。

仏式の場合は、数珠も忘れずに。

金色の留め具がついたバッグや靴はNG

Q&A こんなときは？

仕事先から通夜に駆けつけるときは何に気をつける？

仕事中に連絡を受け、帰りに急遽通夜に駆けつけることもあるでしょう。喪服や数珠の手配は難しいと思いますが、最低限のマナーは守りたいものです。アクセサリーは外し、メイクもある程度落とし、髪はまとめる。これくらいのことでも、喪に服す気持ちは充分伝えられます。

また、キリスト教式であれば、「ご愁傷様です」の言葉はNGとなります。可能であれば、事前に宗派だけは確認しておきましょう。

ただし、急なことですので、先方も事情はわかってくださるはず。細かいマナーを気にしすぎるよりも、すぐに駆けつけるという気持ちが最も大切です。

アクセサリーは外し、メイクも控えめに

葬儀受付でのふるまいかた

悲しみの場ではスマートな立ち居ふるまいやしぐさは必要ありません。万事、控えめに行動し、言葉もにごし、お悔やみの気持ちを表しましょう。

受付のしかた

お祝いの場とは異なり挨拶は言葉をにごして

葬儀の会場に着いたら、受付で香典を渡します。祝儀と同様に、香典はバッグにそのまま入れずに、ふくさに包んで持参しましょう。

渡しかたの手順も、結婚式の受付と同様です。一礼をしてから、ふくさから香典袋をとり出し、ふくさをたたんでから相手側に向きをかえ、渡します。

式場では、ご遺族の方に無理に話しかける必要はありません。「このたびは……」「突然のことで……」とひと言挨拶するだけで充分です。

1. 一礼して
お悔やみの
言葉を伝える
ふくさをたたんでから渡す
2. ふくさから香典を出し、
相手に向けてから渡す
お悔やみの言葉は
ひと言添える程度に

代理で出席するとき

知人やご主人の代理のときは記帳の際に「代」「内」と書く

葬儀は急であるため、知人の方や夫などの代理で出席したり、香典を預かったりすることもあるでしょう。その場合は記帳の際に、出席できなかった方の住所・氏名を書いたうえで、その横に小さく「代」（夫の代理の場合は「内」）と書き、自分の名前を書き添えます。

反対に、自分がどうしても通夜に伺えないときは、香典は代理の方に頼むか、お悔やみ状といっしょに送ります。もしくは、後日自宅に伺ってお参りするときにお渡しします。

代理の場合は小さく
「代」「内」と氏名を書く

香典の包みかた

新札には折り目をつけ表書きは薄墨で書く

不祝儀袋の表書きは、悲しみの色である薄墨で書くのが正式。市販の薄墨の筆ペンを使うのもよいでしょう。

ただし、宗派によって使う不祝儀袋や表書きが異なるため、先方の宗派は確認しておきましょう。一般的に仏式は「御霊前」、神式は「御神前」、キリスト教式は「御花料」と書きます。

また、新札を包むのはNG。手持ちが新札しかない場合は、縦に折り目をつけてから入れましょう。

新札の場合は縦に
折り目をつけて

通夜・葬儀でのふるまいかた

葬儀では、焼香など緊張する場面もあると思います。ですが宗派によっても作法は様々ですので、周りをよく見て同じようにふるまえば大丈夫。お悔やみの気持ちを表すことを第一に考えて。

焼香のしかた

焼香の方法はご遺族のやりかたにならって

僧侶の読経のあとに、喪主、遺族、親族、会葬者の順に焼香をしていきます。順番がきたら、遺族や僧侶、遺影に一礼してから、焼香をします。焼香を終えたら遺影に合掌し、再び遺族や僧侶に一礼して、席に戻ります。

焼香は、香を右手の親指、人差し指、中指でつまみ、目の高さにかかげてから香炉に落とします。これを3回ほど繰り返すのが一般的。しかし、参列者の人数や宗派によって異なることがあるので、最初に遺族が行う際の手順にならってください。式場から指示があった際は、それに従います。

1. 遺族、僧侶、遺影に一礼する

2. 右手の3本の指でつまんで香炉に落とす

3. 合掌をして、遺族と僧侶に再び一礼する

通夜でのふるまい

キリスト教式の葬儀では「献花」で故人に別れを告げる

「献花」の儀式では、順番がきたら祭壇に進み、遺族に一礼をして花を受けとります。その際は花を右に向け、右手で下から、左手で上から持ちます。そのまま献花台に進み一礼をしたら、右回りに花を回し茎を祭壇に向け、左手を下から花に添えて献花台に置きます。そして手を合わせて黙祷し、遺族に一礼してから席に戻ります。

通夜ぶるまいはひと口でもいただいて

焼香が済むと、通夜ぶるまいが出されます。お礼やお清めの意味があるため、ひと口だけでも口をつけるのが礼儀です。お酒も出ますが、飲み会の席ではないので、口をしめらせる程度にとどめ、長居はしないこと。

Q&A こんなときは？

通夜・葬儀に行けないときはどうすればよい？

出張や旅行など長期の不在により、通夜や葬儀に参列できないということも。当日は代理を立て、後日あらためて弔問に訪れましょう。

ただし、葬儀の直後では遺族もまだ落ち着いていないことも。弔問は数日経ってから連絡をとって伺いましょう。

服装は喪服でなくてもよいですが、黒などの落ち着いた服で。

また、お通夜や葬儀に参列していない場合は香典を持参しますが、仏式であれば表書きに注意を。四十九日前なら「御霊前」、それ以降なら「御仏前」と書きます。

弔問は落ち着いた服装で
座布団は使わず、横に外して

神社仏閣の参拝のしかた

初詣だけでなく、お子さんのお宮参りや七五三など、普段の生活でも神社仏閣を訪れることは多いでしょう。大人の女性として、基本的なマナーはしっかり押さえておきたいですね。

神社仏閣を訪れる

神様の通り道である参道は中央を避け端を歩く

参道の中央である「正中」は神様の通り道です。参拝者は真ん中を避け、端を歩くのが礼儀です。鳥居をくぐる前に一礼するのもお忘れなく。

参拝の前には、手水舎で手と口を清めます。清める順番は左手、右手、口、柄杓の持ち手の順。まず柄杓を右手に持って左手を清め、次に左手に持ち替えて右手を清めます。そしてもう一度右手に持ち替えたら、左手に水を溜め、口をすすぎます。最後に使い終わった柄杓を縦にして持ち手を水で洗い流し、元の位置に戻します。洗い流すのは、次に使う方への心遣いです。

1. 右手に持って左手を清める。反対も同様に

2. 左手に溜めた水で口をすすぐ

3. 柄杓を立てて持ち手を洗い流す

参拝をする

「二礼二拍手一礼」が基本ですが地域や場所ごとのしきたりに注意を

境内に着いたら、礼を2回してから、賽銭を入れ、鈴を鳴らして神様をお呼びします。賽銭は投げ入れず、賽銭箱にそっと入れましょう。

次にかしわ手を2回打ち、日ごろの感謝の気持ちを伝えます。この際、右手を左手より少し下げて打ちます。これは神様に敬意を表すためや、神様によい音色を届けるためともいわれています。ただし、神社によっては作法が異なることも。また、お寺の場合はかしわ手は打ちません。その場所ごとの作法に従いましょう。

そして最後にもう1回礼をし、参拝を終えます。参拝のときに帽子や手袋をとるのも、しっかり守りたい礼儀です。

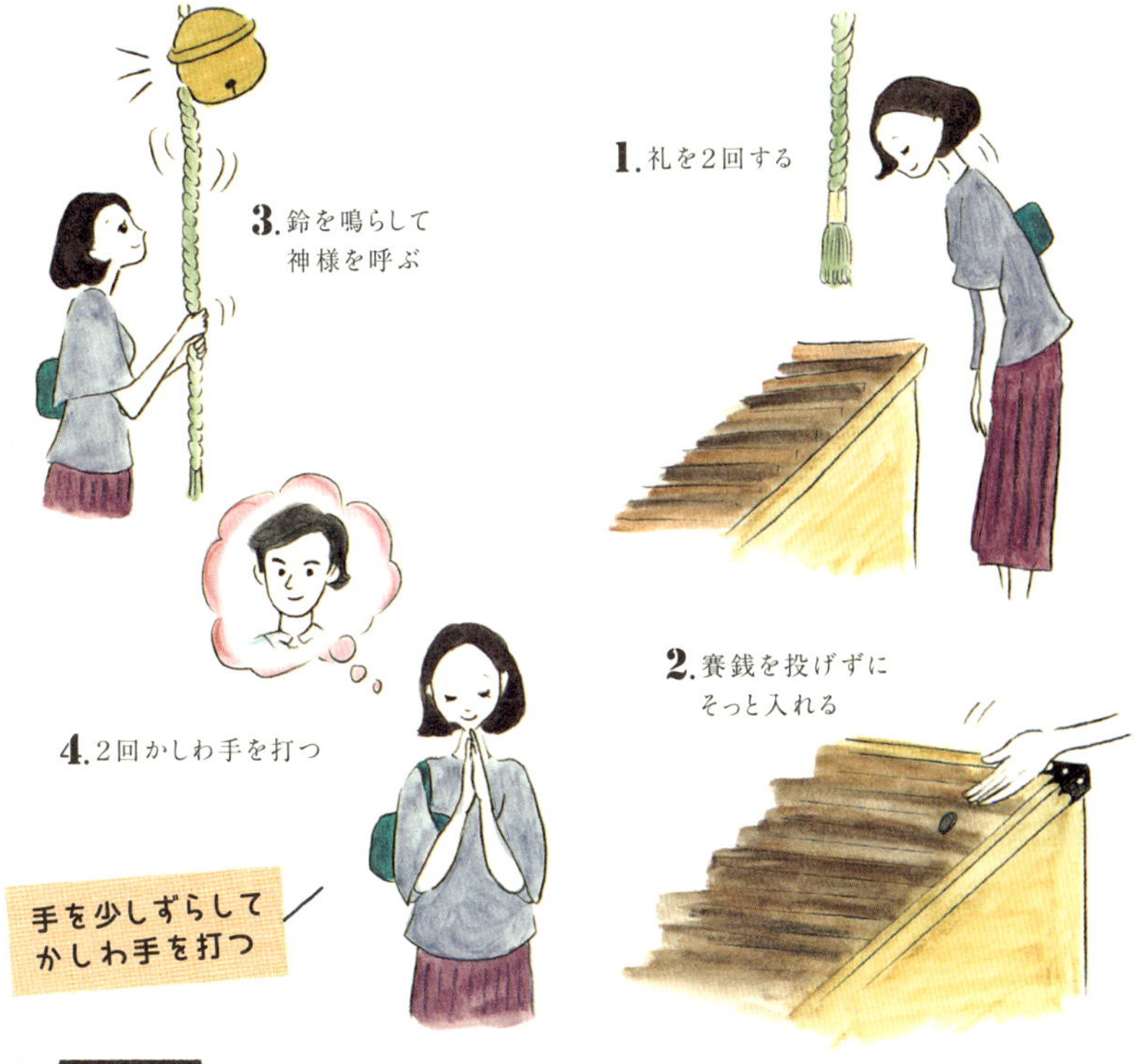
1. 礼を2回する
2. 賽銭を投げずに
そっと入れる
3. 鈴を鳴らして
神様を呼ぶ
4. 2回かしわ手を打つ
手を少しずらして
かしわ手を打つ

お墓参りのしかた

お彼岸だけでなく、命日や日々の報告などでお墓参りに行く方も多いかと思います。正しいお参りの作法と意味を押さえ、ご先祖様に気持ちを伝えましょう。

お参りをする

故人の好きだったものをお供えしてあげる

春分と秋分は太陽が真西に沈むため、西にあるとされる極楽浄土に近づくと考えられました。そのため、春分と秋分の日の前後3日間をお彼岸といい、先祖を供養するようになりました。

墓石や周辺を綺麗に掃除し、花と線香、故人の好きだったものをお供えします。ただし、食べ物のお供えを禁止している墓地では持ち帰りましょう。

帽子やマフラー、手袋はとり、故人と関係が近い人から順に、しゃがんで拝みます。神社ではありませんので、かしわ手は打たないように。

かしわ手は打たない
マフラーや帽子、
手袋はとって
お参りする
しゃがんで拝む

Q&A こんなときは？

お墓参りはいつ行けばいい？

宗派にもよりますが、仏教では法要する日が決まっています。一般的には、忌明けとなる四十九日までに七日ごとに法要（忌日法要）があり、故人の冥土での幸せを祈ります。百か日法要のあとは、決まった年に法要（年忌法要）があります。

法要のない年でも、故人の命日である祥月命日にはお墓参りをしたいものですね。

〈忌日法要〉

7日目	初七日(しょなのか)
14日目	二七日(ふたなのか)
21日目	三七日(みなのか)
28日目	四七日(よなのか)
35日目	五七日(いつなのか)
42日目	六七日(むなのか)
49日目	七七日(なななのか)
100日目	百か日(ひゃっかにち)

〈初七日〉

故人が三途の川のほとりにたどり着く日。ゆるやかな流れの川を渡れるように法要する。最近は火葬のあとに合わせて行われるのが一般的。遺族・親族・友人・知人などで供養する。これ以降、四十九日までの法要は遺族のみで営まれることが多い。

〈七七日(四十九日)〉

故人の来世での行き先が決まる重要な日で、極楽浄土に行けるように、遺族・親族・友人・知人で供養する。これ以降は「忌明け」となって、法要後に忌明けの会食をする。一般的には四十九日に納骨が行われ、香典返しを贈る手配をする。

一周忌以外は、亡くなった年も含めて数える

〈年忌法要〉

1年後	一周忌
2年後	三回忌
6年後	七回忌
12年後	十三回忌
16年後	十七回忌
22年後	二十三回忌
26年後	二十七回忌
32年後	三十三回忌
36年後	三十七回忌
42年後	四十三回忌
46年後	四十七回忌
49年後	五十回忌
99年後	百回忌

〈一周忌〉

故人が亡くなってから満1年の命日で、この日で遺族の喪が明ける。一般的に三回忌までは、故人の親しかった友人・知人なども招き、七回忌以降は徐々に法要の規模を小さくし、遺族だけで行うことが多い。三十三回忌、五十回忌で年忌法要を終える(弔い上げ)。

※宗派によって異なる場合があります

結婚記念日 ガイド

結婚記念日は人生の大切なアニバーサリー。長く連れ添った夫婦が特別な節目として祝う銀婚式や金婚式はよく知られていますが、じつはそのほかにも多くのお祝いごとがあるのです。名称やその意味にちなんだプレゼントを用意したり、外食を楽しんだりするとよい記念になるでしょう。

1 周年 紙婚式

新婚で真っ白なふたりを紙にたとえ、今後の幸せを願う意味から。

贈るなら 感謝の気持ちを記した手紙など

2 周年 綿婚式

まだまだ新婚気分が抜けないフワフワしたふたりを綿にたとえて。

贈るなら 肌触りのよいコットンの衣類など

3 周年 革婚式

倦怠期になっても、革のように強い絆を大切にしたいという願いから。

贈るなら 名前入りの革製財布やパスケースなど

5 周年 木婚式

夫婦を大地に根づいた一本の樹木にたとえて。

贈るなら 箸などの木製の雑貨や記念の鉢植えなど

10 周年 錫(アルミニウム)婚式

使っていくほど美しく輝きが増す錫にたとえて。

贈るなら 10年目の記念に新しい結婚指輪など

15 周年 水晶婚式

夫婦の信頼を、くもりのない透明な水晶にたとえて。

贈るなら クリスタルのアクセサリーなど

20周年 磁器婚式

丈夫で長もちし、使いこまれるほどに手に馴染む磁器にたとえて。

贈るなら ペアのカップや20年目の記念リングなど

25周年 銀婚式

日本では明治天皇が初めてお祝いしたという節目の記念日。銀のように渋く輝く夫婦の絆をお互いに感謝する日。

贈るなら 上品な銀製品など

30周年 真珠婚式

夫婦の絆や歴史を、海の中で長い時間をかけて美しい宝石となる真珠にたとえて。

贈るなら 真珠をあしらった時計やジュエリーなど

40周年 ルビー婚式

成熟した夫婦の絆を、美しいルビーの深い赤にたとえて。

贈るなら ルビーのアクセサリーなど

50周年 金婚式

夫婦の絆や一族の繁栄を、金のように美しい輝きにたとえて。家族みんなで盛大にお祝いをしても。

贈るなら 金製品

60周年 ダイヤモンド婚式

夫婦の永遠の愛を、世界一硬い鉱物であるダイヤモンドにたとえて。

贈るなら ダイヤモンドのアクセサリーなど

70周年 プラチナ婚式

70年という長い年月を連れ添ってきた奇跡のようなふたりを、希少で高価なプラチナにたとえて。

贈るなら プラチナのアクセサリーなど

美しくなるのにいちばん大切なこと

本書を最後までお読みくださり、ありがとうございました。どれも簡単なコツですぐに実践できる内容だったと思います。しかし、この本を読み終えた瞬間から、みなさんは〝世界一美しくふるまえる女性〟と、〝そうなれない女性〟の2タイプに分かれてしまいます。

これは、私のスクールの生徒さんにも同じことがいえます。初回のレッスンを終えた帰路からすぐに美しいウォーキングを実践し、信号待ちでの立ちかたや、電車やカフェでの座りかたを実践された方は、次にいらしたとき、ハッとするほどエレガントな女性に生まれ変わっています。美しい所作とポージングにより、身体がシェイプアップされたこともあるのでしょう。ご自身でも変化を実感すると、さらなる高みを目指したくなるのが女心。ヘアメイクやネイルも変わり、自信たっぷりで幸せそうに教室に現れるのです。

このような生徒さんたちは、複数の男性に食事に誘われたり、わずか2か月間で運命の男性と出会い、結納まで進まれたり、ご主人から「自慢の妻」という言葉が出たり、上司やクライアントからの評価がアップしたりと、その後の人生が大きく変わっていきました。そして何より、「毎日が楽しい！」とおっしゃっています。そう、これが「そのうちやろう」と考えている方との決定的な違いなのです。あなたはこの本を閉じた瞬間、どちらに向かって進んで行きますか？

ただし、ここであらためてお伝えしておきたいのが、〝美しいふるまい〟は、〝心から始まる〟ということ。どんなに美しい形を覚えても、そこに相手を想う〝心〟が伴わなければ、真の〝美しいふるまい〟とはいえません。本書の要所でお伝えしているマナーの心を日々大切にして、お過ごしください。

最後に、本書の製作に尽力くださった編集の石井様、円谷様、本書を素敵に仕上げてくださったデザイナーの原田様、細部まで丁寧にお描きくださったイラストレーターのRicco.様、製作中ずっと支えてくださった株式会社プロダクション尾木の末武さん、そして製作に携ってくださったすべての方に心から感謝いたします。

諏内えみ

自信に満ちたふるまいで
あなたの毎日は劇的に変わる

著者が主宰するスクールでさらに学んでみたい方は

マナースクール「ライビウム」

おひとりおひとりの目指すレベルやお悩みに合わせたオーダーメイドのプライベートレッスンをはじめ、少人数制の「ハッ！とさせる美しい立ち居振る舞い講座」「また会いたいと思わせる会話力アップ講座」が人気。また、毎回キャンセル待ちの出る「フランス料理テーブルマナー」「和食テーブルマナー」や「パーティマナー」など各種 1day セミナーも開催。新幹線や飛行機でも便利な品川にあり、学生から主婦、企業エグゼクティブまで、日本全国に多くのファンを持つ。海外からも受講生が訪れる。

〒108-0075　東京都港区港南 4-1-10 リバージュ品川 501
TEL：03-6433-0318　　MAIL：info@livium.co.jp

著者

諏内えみ　すない えみ

「マナースクール ライビウム」「親子・お受験作法教室」代表。オールアバウト「暮らしのマナー」ガイド。皇室や政界、財界をはじめとするVIPのアテンダント指導、一部上場企業トップのメディアトレーニングなどを経て「ライビウム」を設立。豊富な実績にもとづいた、洗練された上質なマナーや美しい所作、スマートな社交術や会話力のレッスンを行う。とくに映画やドラマでの、女優の上品な所作指導に定評がある。テレビなどのメディアにも多数出演し、凛とした美しい女性、スマートな男性になるためのノウハウの指導を行う。社会貢献活動にも長く携わり、行政からの信頼も厚い。

公式サイト http://www.livium.co.jp

〈著書〉

『「あの子、いいね！」といわれる人の食べかた&ふるまい』（日本文芸社）、『身につけると一生役立つ 子どものお作法練習帖』（PHP研究所）、『ママのための賢いおつきあいルール』（大和出版）ほかAll About BOOKS、電子書籍など多数

〈監修書〉

『おさえておきたい 食べ方のマナー』（成美堂出版）、『美しい所作と恥ずかしくない作法が身に付く本』（日経BP社）、『美しい人の立ち居振る舞い講座』（日経BP社）、『an・an SPECIAL 知っておきたい女子のマナー完全版』（マガジンハウス）ほか多数

世界一美しいふるまいとマナー

著　者　諏内えみ
発行者　高橋秀雄
発行所　**株式会社 高橋書店**
〒170-6014 東京都豊島区東池袋3-1-1 サンシャイン60 14階
電話　03-5957-7103

ISBN978-4-471-01148-2

本書の内容についてのご質問は「書名、質問事項（ページ、内容）、お客様のご連絡先」を明記のうえ、郵送、FAX、ホームページお問い合わせフォームから小社へお送りください。
回答にはお時間をいただく場合がございます。また、電話によるお問い合わせ、本書の内容を超えたご質問にはお答えできませんので、ご了承ください。
本書に関する正誤等の情報は、小社ホームページもご参照ください。

【内容についての問い合わせ先】
書　面　〒170-6014 東京都豊島区東池袋3-1-1 サンシャイン60 14階
高橋書店編集部
F A X　03-5957-7079
メール　小社ホームページお問い合わせフォームから　(https://www.takahashishoten.co.jp/)

【不良品についての問い合わせ先】
ページの順序間違い・抜けなど物理的欠陥がございましたら、電話03-5957-7076へお問い合わせください。ただし、古書店等で購入・入手された商品の交換には一切応じられません。